Doris Iding

Barfuß Schritt für Schritt

Achtsam wie ein Buddha
mit Hilfe von 52 leichten
Übungen und Meditationen

WINDPFERD

1. Auflage 2013

Umschlaggestaltung: Andrea Barth – Guter Punkt/Agentur für Gestaltung
Bildquelle Cover: © Wiratchai wansamngam/Shutterstock
Lektorat: Silke Kleemann
Layout und Satz: Marx Grafik & ArtWork
Gesetzt aus der Adobe Garamond
Druck: Himmer AG, Augsburg

FSC www.fsc.org
MIX
Papier aus verantwortungsvollen Quellen
FSC® C095359

Printed in Germany
ISBN 978-3-86410-051-2
www.windpferd.de

Inhalt

Einleitung 7

Neugierig sein. Barfuß gehen. 9

Leichter leben 12

Heilende Impulse fürs Gehirn 14

Es tun, statt nur zu lesen 17

Die Grundlagen der buddhistischen Psychologie 25

Erster Aspekt: Achtsamkeit kultivieren 33

1 *Achtsamkeitskarte Nr. 1 – Achtsam Schritt für Schritt gehen* 40

2 *Achtsamkeitskarte Nr. 2 – Achtsam Schluck für Schluck trinken* 43

3 *Achtsamkeitskarte Nr. 3 – Achtsamer Umgang mit Worten* 46

4 *Achtsamkeitskarte Nr. 4 – Achtsam den Blick weiten* 49

Zweiter Aspekt: Körperbewusstsein entwickeln 53

5 *Körperkarte Nr. 1 – Den eigenen Körper erforschen* 58

6 *Körperkarte Nr. 2 – Dem Körper ein Lächeln schenken* 61

7 *Körperkarte Nr. 3 – Körperempfindungen wahrnehmen* 64

8 *Körperkarte Nr. 4 – Den Körper über die Zunge erfahren* 67

Dritter Aspekt – Den Atem erforschen 71

9 *Atemkarte Nr. 1 – Im Atem ankommen* 76

10 *Atemkarte Nr. 2 – Die eigene Mitte durch den Atem finden* 79

11 *Atemkarte Nr. 3 – Sich über den Atem mit der Erde verwurzeln* 82

12 *Atemkarte Nr. 4 – Den Atem als Anker nutzen* 84

Vierter Aspekt: Die eigenen Gedanken erkennen 87

13 *Gedankenkarte Nr. 1 – Gedanken wahrnehmen* 95

14 *Gedankenkarte Nr. 2 – Eine wertschätzende Geisteshaltung entwickeln* 97

15 *Gedankenkarte Nr. 3 – Negative Gedanken loslassen* 99

16 *Gedankenkarte Nr. 4 – Zum Inneren Beobachter werden* 102

Fünfter Aspekt: Gefühle benennen 105

17 *Gefühlskarte Nr. 1 – Die eigenen Gefühle wahrnehmen* 110

18 *Gefühlskarte Nr. 2 – Ein Gefühl von Sicherheit entwickeln* 113

19 *Gefühlskarte Nr. 3 – Bringen Sie mehr Freude in Ihr Leben* 116

20 *Gefühlskarte Nr. 4 – Geringschätzung erkennen* 119

Sechster Aspekt: Dankbarkeit kultivieren 123

21 *Dankbarkeitskarte Nr. 1 – Dem Körper danken* 127

22 *Dankbarkeitskarte Nr. 2 – Dankbar sein für unser Leid* 130

23 *Dankbarkeitskarte Nr. 3 – Den kleinen Sünden sei Dank* 132

24 *Dankbarkeitskarte Nr. 4 – Die Geschenke des Universums annehmen* 135

Siebter Aspekt: Mutig werden 137

25 *Mutkarte Nr. 1 – Gehen Sie an die Orte, die Sie fürchten* 144

26 *Mutkarte Nr. 2 – Glauben Sie an die Kraft in sich* 147

27 *Mutkarte Nr. 3 – Glauben Sie mutig an Ihre eigenen Träume* 149

28 *Mutkarte Nr. 4 – Der Angst ein Lächeln schenken* 151

Achter Aspekt: Freude erleben 153

29 *Freudekarte Nr. 1 – Nehmen Sie sich Zeit für freudvolle Dinge* 158

30 *Freudekarte Nr. 2 – Tun Sie es mit Freude* 161

31 *Freudekarte Nr. 3 – Die Perspektive wechseln* 164

32 *Freudekarte Nr. 4 – Freuen Sie sich auf bessere Zeiten* 167

Neunter Aspekt: Glücklich werden 171

33 *Glückskarte Nr. 1 – Sammeln Sie die Momente des Glücks* 176

34 *Glückskarte Nr. 2 – Öffnen Sie sich für Ihr Glück* 179

35 *Glückskarte Nr. 3 – Kultivieren Sie Ihr Glück* 182

36 *Glückskarte Nr. 4 – Machen Sie anderen Menschen eine Freude* 184

Zehnter Aspekt: Mitgefühl kultivieren 187

37 *Mitgefühlskarte Nr. 1 – Mitgefühl mit sich selbst haben* 193

38 *Mitgefühlskarte Nr. 2 – Mitgefühl für Menschen in Not* 196

39 *Mitgefühlskarte Nr. 3 – Mitgefühl für unsere Feinde entwickeln* 199

40 *Mitgefühlskarte Nr. 4 – Mitgefühl für die Tiere* 202

Elfter Aspekt: Vergänglichkeit im Bewusstsein halten 205

41 *Vergänglichkeitskarte Nr. 1 – Jeder wird irgendwann sterben* 208

42 *Vergänglichkeitskarte Nr. 2 – Freuen Sie sich, dass es vorbei ist* 211

43 *Vergänglichkeitskarte Nr. 3 – Jeder Tag könnte der letzte sein* 213

44 *Vergänglichkeitskarte Nr. 4 – Nichts ist fest und von Dauer* 216

Zwölfter Aspekt: Den mittleren Weg gehen 219

45 *Karte des Mittleren Weges Nr. 1 – Offen sein für das, was ist* 223

46 *Karte des Mittleren Weges Nr. 2 – Die Angst vor der Angst verlieren* 226

47 *Karte des Mittleren Weges Nr. 3 – Sich von Süchten befreien* 228

48 *Karte des Mittleren Weges Nr. 4 – Vertrauen finden* 230

Dreizehnter Aspekt: Den klaren Raum des Bewusstseins erfahren 233

49 *Bewusstseinskarte Nr. 1 – Der Blick in den Spiegel* 239

50 *Bewusstseinskarte Nr. 2 – Die Quelle des Bewusstseins finden* 241

51 *Bewusstseinskarte Nr. 3 – Die verschiedenen Dimensionen des Bewusstseins erleben* 243
52 *Bewusstseinskarte Nr. 4 – Den Edlen Kern erkennen* 246

Anhang 249
Literatur 250
Anmerkungen 253
Informationen zur Autorin 256

Einleitung

Die Verrichtungen des Alltags – wie das Aufwachen,
die Toilette oder das Entzünden des Weihrauchs –
scheinen auf den ersten Blick nicht sehr wichtig zu sein,
und doch umfassen sie den gesamten Kosmos.

– Meister Taisen Deshimaru –

Abschalten – das Handy, die E-Mails, den Kopf. Einfach mal alles ausmachen. Barfuß Schritt für Schritt gehen. Das wünschen sich die meisten Menschen, um dem Druck des beschleunigten Alltags zu entkommen. Die Gesellschaft aber fordert immer noch mehr Steigerungsdenken und noch mehr Optimierung. Aber der Einzelne kann längst nicht mehr. Wir alle sehnen uns nach mehr Muße und dem Gefühl, das Tempo selbst bestimmen zu können. Doch wie geht das – runterschalten, langsamer leben und wach und bewusst durch das Leben gehen? Wie ist es möglich, entspannt und gelassen zu bleiben wie ein Buddha – im normalen Alltag, in einer stressigen Zeit, einer schwierigen Situation oder einer problematischen Lebensphase? Wie kann eine Kehrtwende – weg von der Hektik hin zur Gelassenheit – aussehen, ohne dass wir den Boden unter den Füßen verlieren, aussteigen oder in ein Kloster fliehen müssen? Lässt sich vielleicht durch das Einschlagen eines neuen Weges mit mehr Freude nachhaltig Neuland erobern?

Meiner eigenen Erfahrung nach ist das möglich! Es ist sogar empfehlenswert! Das Leben ist kurz und die Zeit viel zu schade, um sie unbewusst, grübelnd und ungenutzt verstreichen zu lassen. Aus genau diesem Grund ist es mir persönlich ein Anliegen, Ihnen mit diesem Buch und den 52 Karten einen Weg in ein solches Neuland zu bahnen. Vor dem Hintergrund des Buddhismus und der buddhistischen Psychologie sind es leichte Übungen und kurze Meditationen, die erwiesenermaßen Stress reduzieren und Ihr Wohlbefinden fördern und Sie zu mehr innerer Freiheit und tieferem Frieden führen können. Dies möchte ich Ihnen mit diesem Buch näherbringen.

Es lohnt sich, barfuß Schritt für Schritt zu gehen und neue Wege zu bahnen, auch wenn die Anfänge unsicher und holprig sind und sich wackelig anfühlen! Es lohnt sich auch dranzubleiben, selbst dann, wenn wir – scheinbar wieder – von Hektik und Stress eingeholt werden. Übung macht den Meister. Oder um es mit einer Aussage Buddhas zu sagen: „Ganz gleich, wie beschwerlich das Gestern war. Du kannst Heute von neuem beginnen.“ Ja, wir können sogar jeden Moment anfangen und einen Gang runterschalten. Schließlich bringt uns jeder einzelne Schritt voller Freude, Vertrauen, Mut und Achtsamkeit weiter und führt uns nach und nach zu uns selbst.

Auf diesem Weg zu sich selbst wünsche ich Ihnen viel Freude. Gehen Sie ihn mit Leichtigkeit, Dankbarkeit und Körperbewusstsein. Gehen Sie ihn auch mit dem Wissen, dass jeder einzelne Schritt einzigartig und unwiederbringlich ist. Gehen Sie ihn so, als wären Sie ein Buddha: wach, gelassen und präsent im gegenwärtigen Moment verankert. Und gehen Sie jeden einzelnen Schritt so, als würden Sie in einem Königreich der Götter spazieren gehen!

Doris Iding

Neugierig sein. Barfuß gehen.

Gehen zwei gemeinsam im Regen.
Der eine wird nass. Der andere nicht.

– Zen-Koan –

Vor kurzem hielt ich einen Vortrag über Achtsamkeit. Eine Frau in leitender Position, die mir die ganze Zeit über aufmerksam zuhörte, sagte mir danach, dass es für sie zwar plausibel klingen würde, achtsamer zu leben, dass sie selbst aber keine Zeit dafür habe, sich tiefer mit Achtsamkeit, geschweige denn mit einer so komplexen Materie wie dem Buddhismus oder der buddhistischen Psychologie, aus welcher die Achtsamkeit entstammt, zu beschäftigen. Ganz davon abgesehen hätte sie sowieso so viele Baustellen in ihrem Leben, dass sie gar nicht genau wüsste, womit sie anfangen sollte.

Der Einwand, keine Zeit zu haben für Impulse, die die eigene Perspektive erweitern können, begegnet mir bei meinen Vorträgen oder Seminaren häufig. Ich bin dann immer wieder betroffen, wenn das Leben eines Menschen vor dem Hintergrund „vieler Baustellen" geradezu danach schreit, den Blick zu verändern. Aber es braucht die innere Bereitschaft, die eigene Sicht – weg von dem Wunsch nach Ruhm, Macht, Erfolg und Reichtum, hin zu innerer Zufriedenheit, die aus uns selbst entsteht – zu verändern. Geschieht dies nicht aus eigener Motivation, sind alle Bemühungen umsonst.

Ich selbst weiß aus persönlicher Erfahrung, wie schnell mir der Stress über den Kopf wachsen kann, wenn ein Auftrag dem nächsten folgt. Und auch ich kenne das Gefühl, gerade in solchen Zeiten nicht einmal mehr die Zeit zu haben, tief durchzuatmen, weil ein Text bis Redaktionsschluss noch fertig werden muss oder der Abgabetermin für ein Buch mich stresst. Gerade an solchen Tagen ist es für mich immer wieder besonders schwierig, innezuhalten und achtsam Schritt für Schritt zu gehen. Aber meistens tue ich es trotzdem und wähle in einem solchen Moment bewusst die Achtsamkeit als Weg aus dem Stress. Die Erfahrung hat mir gezeigt, dass es genau das ist, was wirklich in solchen Momenten ansteht. Praktisch bedeutet es, dass ich in solchen Situationen – immer noch ziemlich angespannt und unter Druck stehend – den PC ausschalte und in das Café in unserer Straße gehe. Dann belebe ich meine Routine, indem ich achtsam Schritt für Schritt dort hingehe und dort einen Latte macchiato trinke. Ich lasse diese profane Handlung zum Gegenstand meiner Achtsamkeit werden. Dadurch macht mich jeder Schluck wieder wacher, lebendiger, strahlender und fröhlicher. Spätestens beim letzten Schluck fällt ein Großteil der Anspannung von mir ab und ich finde mich vollkommen im Hier und Jetzt wieder. Offen. Achtsam und wach. Danach gehe ich wieder an die Arbeit. Entspannt und gelassen. Meistens komme ich dann viel zügiger voran, als wenn ich unter Hochdruck weitergearbeitet hätte. In solchen Momenten bestätigt sich für mich immer wieder die alte Weisheit aus dem Zen-Buddhismus, die als Spruch bei mir im Büro hängt: „Wenn du es eilig hast, dann mache einen Umweg!"

Eine solch einfache Übung kann uns besonders an stressigen Tagen dabei helfen zu erkennen, welchen Stress wir uns selbst machen. Sie kann uns heraushelfen aus dem ewigen Gedankenkarussell des Grübelns, des sich Sorgens um alles Zukünftige. Sie kann uns den Blick dafür öffnen, dass es noch etwas anderes gibt als das, was uns Stress macht: Wir können den Augenblick genießen, eine Inspiration durch einen tiefgehenden Gedankenaustausch, die Freude eines gemeinsamen Erlebnisses, die Ruhe durch eine nach innen gerichtete Meditation. Die Verpflichtungen werden niemals aufhören! Gehen wir hingegen mit einer entspannten Einstellung an das, was gerade jetzt zu tun ist, finden wir Schritt für Schritt ins Hier und Jetzt – und früher oder später zu uns selbst. Erfreulicherweise auch zu dem, was das Leben jenseits von Stress, Hektik und einer langen To-do-Liste noch bereithält: das Glück der wahren Dinge zu erleben und tiefe innere Zufriedenheit zu erfahren.

Eine solche Übung ist zwar einfach nur eine Übung, aber gleichzeitig birgt sie eine tiefe Erfahrung. Die Erfahrung, dass der Stress tatsächlich von uns abfallen kann, wenn wir achtsam sind. Die Erfahrung, dass wir uns tatsächlich in unserem Körper wohler fühlen, wenn wir seinen Bedürfnissen mehr Beachtung schenken. Sowie die Erfahrung, dass wir uns besser konzentrieren können und gleichzeitig die stressbedingten Scheuklappen wegfallen und wir unsere Ohren wieder öffnen können für den Ruf der eigenen Seele. Mit einer solchen Erfahrung fällt es uns dann auch leichter, den Mut dahingehend zu entwickeln, das gewohnte Hamsterrad hinter uns zu lassen und zurück zu jener natürlichen Freude zu gelangen, die *jedem* von uns von Natur aus innewohnt.

Leichter leben

Man könnte den Buddhismus vielmehr als eine Wissenschaft des Geistes und einen Weg zur Transformation bezeichnen, so Matthieu Ricard. Dass Übungen und Meditationen aus dem Buddhismus und der buddhistischen Psychologie sich wirklich auf das Wohlbefinden auswirken, haben zahlreiche Untersuchungen in den letzten Jahren gezeigt. Buddhistische Mönche wie Matthieu Ricard und Ärzte wie Jon Kabat-Zinn konnten etwa durch zahlreiche Forschungen beweisen, dass besonders die angewandte buddhistische Psychologie – das heißt unter anderem die Praxis der Achtsamkeit, des Mitgefühls, der Freude, des Glücks und der Dankbarkeit – eine äußerst hilfreiche und wertvolle Möglichkeit darstellt, die Wurzeln unseres Stresses zu erkennen, sodass wir uns nach und nach von ihnen befreien können. All die einfachen Übungen, kurzen Praktiken und langen Meditationen sind wirksame Hilfsmittel, um einen Weg aus unserem Leid herauszufinden. Sie helfen uns dabei, mit schwierigen Problemen unseres täglichen Lebens konstruktiver umzugehen, ohne uns von Hoffnungslosigkeit, Entmutigung oder Angst überwältigen zu lassen. Dies ist deshalb möglich, weil diese Übungen und Meditationen eine hervorragende Möglichkeit darstellen, unseren Geist in eine positive Richtung zu lenken und in Wechselwirkung damit unser Gehirn zu verändern.

So neu ist diese Erkenntnis nicht, denn bereits der Buddha hatte vor 2500 Jahren die Funktionsweisen unseres Geistes in all ihren Einzelheiten erforscht und durchdrungen! Er fand heraus, wie genau es uns gelingen kann, unseren eigenen, rastlosen Geist so weit zu beruhigen, dass wir mit viel Achtsamkeit, Geduld, Mitgefühl und Übung in der Lage sind – im übertragenen Sinne – auf einen bedingungslosen Grund des Friedens zu gelangen und dort ruhen zu können. Dies ist nicht nur in einem geschützten Rahmen eines spirituellen Retreats oder zu Hause auf dem eigenen Meditationskissen möglich, sondern auch mitten im Alltag. Ganz unabhängig davon, ob wir uns gerade in einer stressigen Situation befinden, eine persönliche Lebenskrise durchmachen oder den ganz normalen Alltag haben. Laut Buddha und auch den weltlichen buddhistischen Lehrern wie Jack Kornfield oder dem Neuropsychologen Rick Hanson kann es *jedem* Menschen – also auch Ihnen und mir – gelingen, den eigenen Geist zu schulen und dadurch Verhaltensweisen tiefgehend zu verändern. Wir können unseren eigenen Geist so schulen, dass es zu tiefgreifenden heilenden Veränderungen im Gehirn kommen kann. Das hängt damit zusammen, dass unser Geist nicht nur eine Aktivität unseres Gehirns ist, wie viele Forscher in der Vergangenheit fälschlicherweise angenommen hatten. Heute weiß man vielmehr, dass die Verbindung zwischen dem Gehirn und dem Geist auch aus einer ganz anderen Perspektive betrachtet werden kann – dahingehend, dass wir unseren Geist viel weitreichender nutzen können, als uns bislang bewusst war.

Heilende Impulse fürs Gehirn

Die innere Welt zu verbessern ist sinnvoll,
denn wir nehmen uns selbst immer mit.

– Rick Hanson –

Alles, was wir erleben, denken und fühlen, basiert auf neuronalen Aktivitäten. Das trifft sowohl auf sämtliche bewusste wie auch unbewusste Prozesse zu, wie zum Beispiel die Kontrolle der Atmung oder das Verdrängen von negativen Erinnerungen. Zuständig dafür ist die direkte Verbindung zwischen mentalen und neuronalen Aktivitäten, also zwischen unserem Geist und Gehirn, die sich gegenseitig beeinflussen. Mittlerweile weiß man, wie genau das passiert und in welchen Hirnarealen es abläuft, wenn wir zum Beispiel an einen Schraubenzieher denken, uns ärgern oder freuen oder eine Reiseroute planen. Alles, was wir bewusst oder unbewusst denken, fühlen, vermeiden oder wollen, genauso wie unsere Reaktionen auf Ereignisse, Menschen und Situationen, beeinflusst unser Gehirn.

Forschungen haben herausgefunden, dass sich nicht nur Stress auf unser Gehirn auswirkt, sondern umgekehrt auch Entspannung, Achtsamkeit und Meditation. So verbessert die Achtsamkeit zum Beispiel die Isolation der Fortsätze der Nervenzellen, sodass Signale schneller weitergeleitet werden können. Dadurch sind wir wacher und reagieren schneller. Die Bildung neuer Nervenzellen wird angeregt und der Prozess der Alterung geht langsamer vonstatten. Beim Meditieren verändert sich nachweislich sogar die Aktivität der Hirnströme und wir gelangen in einen Zustand tiefer Entspannung.[1] Andere Studien belegen, dass sich die Stressreaktion bei Menschen, die regelmäßig entspannen, beruhigt. Das wiederum führt dazu, dass sich die Resilienz, das heißt, die psycho-emotionale Widerstandskraft dieser Menschen erhöht.[2] Andere Forschungen haben ergeben, dass Meditierende zu 87 % weniger an psychischen Krankheitsbildern wie Angststörungen und Depressionen leiden wie andere. Das hängt damit zusammen, dass man durch die Praxis der bewussten Atmung in stressigen Situationen nicht mehr so schnell in eine flache Atmung im oberen Brustbereich verfällt, sodass Angstpatienten durch bewusste Atmung ihre Attacken deutlich besser in den Griff bekommen haben.[3] Andere Studien belegen, dass die Praxis der Achtsamkeit die Aktivität des linken präfrontalen Cortex steigert und die Stimmung anhebt, weil dieser Teil des Gehirns negative Stimmungen bremst; Achtsamkeit wiederum reduziert die Aktivität der Amygdala, jenem Teil im Gehirn, der Acht auf uns gibt und den Horizont permanent nach Gefahren absucht.[4] Wieder andere Forschungen zeigen, dass der Fokus auf Mitgefühl für uns selbst während der Meditation traumatische Erinnerungen, die an psychische oder physische Gewalt geknüpft sind, abbaut und negative Bilder durch positive Bilder ersetzen lässt.[5] All diese Untersuchungen belegen, dass wir zum Beispiel alleine durch Meditationen oder durch die Praxis des Mitgefühls unseren Geist und das Gehirn wechselseitig positiv beeinflussen und verändern können, sodass wir auf allen Ebenen, körperlich, emotional und geistig davon profitieren können: Das heißt, wir können uns von Stress befreien und frei von Leid leben. Das heißt auch: Wir können psychisches und körperliches Wohlbefinden trainieren! Denn je nachdem *wie* wir unsere Achtsamkeit zum Beispiel auf unsere Atmung, unsere Handlungen, unsere Gedanken etc. lenken und *wie* bewusst wir den Energie- und Informationsfluss durch unsere neuronalen Schaltkreise leiten, können sich sowohl die Aktivitäten als auch die Struktur des Gehirns verändern und in eine heilvolle Richtung gelenkt werden.[6] Eine solche Beschäftigung mit unserem eigenen Geist ist also äußerst heilsam, entspannt uns und führt uns darüber hinausgehend zu größerem inneren Frieden und mehr Vertrauen in uns selbst und auch in das Leben. Dadurch erhält unser Leben mehr Tiefe und eine ganz andere Qualität, weil wir realisieren, dass wir nicht durch äußere Umstände wie eine sichere Anstellung oder einen liebevollen Partner, sondern ganz alleine durch uns selbst glücklich werden können.

Eine intensive Beschäftigung mit dem Buddhismus, der buddhistischen Psychologie und den vorgestellten Übungen und Meditationen heißt aber nicht, dass die Herausforderungen in unserem Leben deswegen abnehmen. Sie helfen uns vielmehr, besser und leichter damit umzugehen. Sie können uns sogar dabei helfen, unser Leben hin zu mehr Freude, Zuversicht und Gelassenheit dem gegenüber, was uns im Leben passiert, zu verändern. So sagt der Dalai Lama: „Es ist ganz alleine unser Geist, der die Welt erschafft, in der wir leben." Das heißt, dass wir selbst die Wahl haben, in welcher Welt wir leben möchten, denn wir selbst können uns eine Geisteshaltung erschaffen, die weitgehend frei von Stress und Leid ist. Damit können wir im Grunde mehr psychisch und körperlich Wohlbefinden in unserem Alltag platzieren.

Es tun, statt nur zu lesen

Meditieren ist immer noch besser
als rumsitzen und nichts tun

– (Anonym. Gelesen auf einer Postkarte) –

Damit die Übungen und Meditationen aus dem Buddhismus und der buddhistischen Psychologie auch wirksam werden können, bedarf es einer Entscheidung für eine regelmäßige Praxis. Sie müssen sich nicht anstrengen, um es besonders gut zu machen. Sie brauchen auch keine besonderen Voraussetzungen. Sie müssen auf nichts in ihrem bisherigen Leben verzichten. Sie müssen sich lediglich Zeit einräumen und die Weisheiten auf den Karten immer wieder über den Tag verteilt lesen und die Übungen auf der Rückseite der Karten umsetzen. Schon beginnt die Kehrtwende weg vom Stress hin zu Wohlbefinden und hin zu sich selbst.

Eine Entscheidung ist deshalb so wichtig, weil es nicht reicht, wenn wir alle vier oder fünf Tage meditieren oder die Praxis der Achtsamkeit üben. Natürlich ist es bereits ein lobenswerter Anfang. Aber damit unser Gehirn und unser Geist in der Tiefe verändert werden können, braucht es die regelmäßige Praxis. Ich selbst, die ich zwar sehr kreativ bin, aber auch gleichermaßen zu einer Zerstreuung meines Geistes neige, weiß aus eigener Erfahrung, was für einen Unterschied es macht, wenn ich täglich meditiere oder Übungen aus der buddhistischen Psychologie mache oder mich nur ab und zu dazu aufraffe. Regelmäßiges Sitzen hilft mir, mich viel schneller sowohl im Alltag als auch auf dem Meditationskissen zu entspannen. Regelmäßiges Üben –

und sei es an manchen Tagen auch nur 10 Minuten – sorgt auch dafür, dass ich selbst in stressigen Zeiten schneller zur Praxis zurückfinde, als wenn ich unregelmäßig praktiziere.

Buddhistische Lehrer empfehlen uns, die Praxis der Achtsamkeit und Meditation so in den Alltag zu integrieren wie das Putzen der Zähne. Und das tun wir ja auch nicht nur ab und zu. Alles, was es braucht, ist eine Prise Geduld und eine große Portion Selbstdisziplin. „Die Erziehung zur Aufmerksamkeit", so der Psychologe William James, „wäre eine Erziehung par excellence." Wenn wir bei uns selbst beginnen und der Welt mit Achtsamkeit, Dankbarkeit und Mitgefühl begegnen, werden wir sogar die Welt ein bisschen verändern. Aber: Wir müssen es selbst wollen. Aus tiefstem Herzen. Dann ist es möglich, unser Leben zu ändern und Schritt für Schritt neue Wege zu gehen.

Die 52 Übungen sind so angelegt, dass Sie eine Übung eine ganze Woche lang praktizieren können. Dadurch kann eine Verinnerlichung des jeweiligen Aspektes stattfinden, der im Detail im Verlauf des Buches beschrieben wird. Sie können die 52 Übungen chronologisch ein Jahr lang Woche für Woche machen. Sie können aber auch zu Beginn einer jeden Woche – oder zu Beginn eines neuen Tages – eine beliebige Karte ziehen. Aber eine wirklich tiefgreifende Veränderung – in Ihrem Geist und infolgedessen in Ihrem Gehirn – werden Sie nur erzielen, wenn Sie jede Übung über einen längeren Zeitraum täglich praktizieren.

Auf den folgenden Seiten finden Sie für jeden Aspekt eine kurze Beschreibung über seine Herkunft oder über wichtige zeitgenössische buddhistische Lehrer, die besonders durch die intensive Beschäftigung mit diesem Aspekt große Verdienste erlangt haben. Im Anschluss daran finden

Sie Gedanken, die Ihnen aufzeigen können, warum es sich lohnt, den jeweiligen Aspekt als ein sinnvolles Lebensprinzip in Ihren Alltag zu integrieren. Um Ihnen zu verdeutlichen, wie die Praxis eines solchen Aspektes aussehen kann, beschreibe ich Ihnen meine persönliche Erfahrung, die ich im Verlauf der Jahre damit gemacht habe. Am Ende der jeweils theoretischen Ausführung finden Sie noch den Hinweis „Eine Weisheit, die Sie auf Ihr Herz legen können". Damit ist gemeint, dass Sie sich diesen Spruch innerlich immer wieder vorsagen, ihn kontemplieren können oder immer wieder lesen sollten, weil er meines Erachtens sehr wertvoll ist. Dann können Sie nur hoffen, dass sich Ihr Herz in einem Moment der Gnade öffnet und dieser Satz in Ihr Herz fällt.[7] Oder aber Sie wiederholen diese Weisheit – oder den Spruch auf der Karte – so häufig, bis er Wirklichkeit wird. Mit dieser Mischung aus Erklärungen über den Ursprung der verschiedenen Aspekte, Weisheiten, Übungen, eigenen Erfahrungen und Erklärungen möchte ich Ihnen einen Weg aufzeigen, wie Sie konkret etwas für Ihr eigenes Glück, Ihre Gesundheit, für Ihre eigene Zufriedenheit, aber auch für den Frieden mit Ihren Mitmenschen tun können – und endlich gelassen und entspannt wie ein Buddha sein werden.

Im Anschluss an die theoretische Ausführung finden Sie zu jedem Aspekt vier Übungen, die Sie auch auf der Karte finden, dazu eine kurze Beschreibung zu dem Aspekt, den Sie vertiefend als Impuls lesen und verinnerlichen können.

Um diese Übungen zu machen, müssen Sie kein Buddhist sein und Sie brauchen auch keine Vorkenntnisse. Alles, was Sie mitbringen sollten, ist ein offener und neugieriger Geist und der Wunsch, Ihrem Leben eine neue Richtung zu geben.

Praktische Tipps für eine heilsame Wandlung Ihres Geistes

Der Neuropsychologe Rick Hanson hat ein paar hilfreiche Hinweise für Übungen und Meditationen entwickelt und eine neurologische Begründung geliefert, die verdeutlicht, warum es sinnvoll ist, bestimmte Schritte zu durchlaufen, bevor Sie die eigentliche Übung machen. Diese fünf Schritte können Ihnen helfen, die Wirkung der einzelnen Übungen zu vertiefen, damit sie sich nachhaltig in Ihr Gehirn eingravieren, was wiederum zu einer heilvollen Veränderung Ihres Geistes führt. Wenn Sie mit den Übungen auf den Karten üben, dann können Sie die fünf Punkte durchführen, bevor Sie eine Übung oder eine Meditation machen.

1. Wenn Sie mögen, formulieren Sie eine Absicht, bevor Sie die Übung machen. Vielleicht mit Worten, vielleicht ohne Worte.
   Die neurologische Begründung: Eine Absicht für die Meditation oder für eine Übung festzulegen, veranlasst unsere Frontallappen zur Mitarbeit, die dann orientierende und vorbereitende Nachrichten an das ganze Gehirn schicken und das Ziel festsetzen, das ein anhaltender Zustand für den ganzen Organismus sein könnte.

2. Entspannen Sie den Körper. Zum Beispiel indem Sie einmal tief einatmen und dann voll und ganz ausatmen. Spüren Sie, wie die Anspannung aus Ihrem Körper weicht.
   Die neurologische Begründung: Den Körper zu entspannen aktiviert das parasympathische Ner-

vensystem, das ein besänftigendes und beruhigendes Gegenmittel gegen den auf Angriff oder Flucht ausgerichteten Sympathikus ist.

3. Vergegenwärtigen Sie sich ein so starkes Gefühl der Sicherheit, wie es Ihnen möglich ist. Das Gefühl, an einem geschützten Ort zu sein. Ein Gefühl, unter guten Menschen zu sein. Ein Gefühl, in sich stark zu sein. Besser in der Lage, zu entspannen und in der Wachsamkeit nachlassen zu können, die Aufmerksamkeit nach innen zu wenden.
   Die neurologische Begründung: Sich ein stärkeres Gefühl der Sicherheit zu vergegenwärtigen, in dem Maße, wie es einem möglich ist, unterstützt Sie darin, zu entspannen. Denn normalerweise haben wir evolutionsgeschichtlich die Tendenz, den Horizont beständig nach Gefahr abzusuchen und beim geringsten Zeichen einer Bedrohung aktiv zu werden. Nun ist es wichtig zu wissen, dass die scheinbare Bedrohung sowohl von innen als auch von außerhalb des Körpers kommen kann. Zum Beispiel innerer Schmerz oder ungute Gefühle aus dem Bauch heraus, oder Gedanken, die uns im Sinn herumgehen. Traditionellerweise soll man einen abgeschiedenen Ort für die Meditation aufsuchen. Häufig sitzt man am Fuß eines Baumes, der Rücken ist dem Stamm zugewandt, so dass man sicherer vor Unheil ist. Alle Gefahren sind vor einem. „Sicherer" heißt hier nicht total vollkommen sicher, denn manche Menschen macht es vielleicht nervös, ihren Angstlevel zu senken, denn in der Vergangenheit hat ihre

Wachsamkeit ihnen geholfen, mit einem harten und stresserfüllten Umfeld fertig zu werden. Dies ist unbedingt zu respektieren. Deshalb ist mein Vorschlag, das Gefühl der optimalen Sicherheit für sich selbst finden.

4. Schauen Sie, ob Sie sich einige positive Gefühle vergegenwärtigen können. Sanfte, ganz milde. Vielleicht ein Gefühl des Friedens, der Dankbarkeit für die guten Dinge in Ihrem Leben. Ein Gefühl der Zufriedenheit. Ein Gefühl des Glücks oder der Freude. Was auch immer Sie sich als Erfahrung aussuchen, ist gut. Die neurologische Begründung: Positive Gefühle heraufzubeschwören ist angenehm und schon alleine deswegen wert, getan zu werden. Positive Emotionen haben viele gute Auswirkungen auf die geistige und körperliche Gesundheit. So bauen sie psychische Belastbarkeit auf und stärken das Immunsystem. Sie motivieren uns zu praktizieren und eine grundsätzliche Freundlichkeit uns selbst gegenüber zu entwickeln. Das ist eine gute Sache, die wir kultivieren sollten. Zusätzlich stärken sie im Gehirn die Dopamin-Belohnungsschaltkreise und die energetisierenden Aspekte positiver Gefühle regen das Aufkommen eines anderen Neurotransmitters an: Noradrenalin, das den Geist anregt und aufheitert. Dopamin hemmt zudem Schaltkreise des Arbeitsgedächtnisses, die neurologische Untermauerung zahlreicher Aspekte bewusster Erfahrung, sodass wir weniger auf neue Reize reagieren. Dadurch sind wir besser in der Lage, auf etwas wie den Atem fokussiert

zu bleiben. Diese beiden Neurotransmitter versetzen das Gehirn in Bereitschaft, Verbindungen zu bilden und die Lektionen und positiven geistigen Zustände der Meditation aufzunehmen.

5. Versuchen Sie, ob Sie ein Gespür dafür entwickeln können, wie die positiven Auswirkungen der Meditation tief in Sie einsinken, Sie nähren und Ihnen helfen, Ihren Geist einer immer heilsameren Auswirkung zuzuwenden.
   Die neurologische Begründung: Wenn wir uns für die positiven Auswirkungen der Meditation öffnen, kurbelt dies die Schaltkreise des Gedächtnisses an. Insbesondere jene, die an dem beteiligt sind, was als implizites Gedächtnis bezeichnet wird. Nicht das Gedächtnis für spezielle Ereignisse, sondern das eher emotionale Gedächtnis, das die innere Landschaft formt und die Gedanken färbt. Dies zu tun trägt dazu bei, die negative Ausrichtung in unserem Gehirn auszugleichen. Eine weitere evolutionäre Adaption, die uns hilft, zu überleben, uns aber auch Leid verursacht. Wenn Dinge in unserem Gehirn in geringer und subtiler Weise geändert werden, kann dies unser Nervensystem recht gravierend wandeln. Mentale Veränderungen können körperliche Veränderungen herbeiführen, was wiederum positive geistige Zustände fördert.[8]

Ein wundervoller Zyklus voller Gelegenheiten, sich zu wandeln, um entspannt und gelassen wie ein Buddha Schritt für Schritt durchs Leben zu gehen.

Die Grundlagen der buddhistischen Psychologie

Die buddhistische Psychologie macht uns offener, freier dem Leben gegenüber und gleichzeitig verwundbarer.

– Jack Kornfield –

Die buddhistische Psychologie ist eine der umfassendsten Formen der Psychologie, weil sie uns den Weg aus unserem eigenen Leid zeigen kann. Im Buddhismus wird Leid sowohl unter ganz persönlichen als auch unter allgemeingültigen Gesichtspunkten betrachtet. Hier geht man davon aus, dass jeder Mensch mit leidvollen Situationen wie Tod, Krankheit und Verlust konfrontiert wird. Wie sehr wir an diesen Situationen leiden, liegt immer an uns selbst. Um einen möglichst umfassenden Weg aus dem Leid zu finden, werden in der buddhistischen Psychologie weniger die äußeren Umstände betrachtet, als vielmehr unsere geistige Haltung unter die Lupe genommen, mit der wir auf freudvolle Gegebenheiten, problematische Umstände und mehr oder weniger schmerzvolle Erlebnisse in unserem Leben reagieren. Je besser wir unsere eigenen Reaktions- und Gedanken- und Gefühlsmuster darauf kennenlernen und verstehen, desto mehr Einfluss haben wir auf unsere körperliche und seelische und geistige Verfassung. Besser noch: Je weniger wir uns mit unseren körperlichen Empfindungen, Gedanken und Gefühlen identifizieren, desto weniger werden wir leiden. Deshalb sind die Übungen und

Meditationen der buddhistischen Psychologie darauf angelegt, den Blick nach innen auf uns selbst und unseren Geist zu wenden. Durch eine regelmäßige Übung erkennen wir dann nach und nach, wie wir uns immer und immer wieder auf schmerzliche Körperempfindungen, Gedanken und Gefühle einlassen, uns mit ihnen identifizieren und sie für die Wahrheit halten. Dadurch leiden wir und untergraben unser Wohlbefinden und auch unseren inneren Frieden.

Durch verschiedene Aspekte der buddhistischen Psychologie wie etwa Achtsamkeit lernen wir, störende Gedanken und Gefühle wahrzunehmen, sie zu benennen und ihnen mit weiteren Aspekten wie zum Beispiel Mitgefühl, Freude oder Dankbarkeit entgegenzuwirken und sie aufzulösen, damit wir nach und nach unabhängiger von äußeren Umständen werden und so unser inneres Wohlbefinden erhöhen, Glück erfahren und inneren Frieden finden.

Die buddhistische Psychologie wendet sich ähnlich wie die westliche Psychologie direkt den Problemen zu, anstatt sie zu ignorieren. Darüber noch hinausgehend macht sie uns Mut, unsere Probleme anzunehmen, ja sie regelrecht aufzusuchen, um sie als eine Art der geistigen Schulung zu betrachten. Die buddhistische Lehrerin Pema Chödrön empfiehlt uns, an die Orte zu gehen, die wir fürchten. Und für den Dalai Lama sind Probleme sogar besonders gute Freunde, weil sie ihm – so wie gute Freunde es tun – einen Spiegel vorhalten und uns zeigen, wo wir gerade stehen.[9]

Die buddhistische Psychologie integriert auch das spirituelle Moment in ihren Ansatz, was sichtbar wird etwa in Übungen, die darauf angelegt sind, den Buddha in uns selbst zu visualisieren, weil uns allen die sogenannte

Buddha-Natur, das heißt das klare reine Bewusstsein innewohnt. Gleichzeitig fokussiert die buddhistische Psychologie ja darauf, dass jeder von uns sich aus dem Leid befreien kann! Damit ist wirklich jeder gemeint, egal wie arm oder reich, wie gebildet oder ungebildet er ist. Das beinhaltet – weiter gedacht – auch, dass jeder sein Potential entfalten kann. Beides, dieses spirituelle Moment und die Möglichkeit der Befreiung von Leid für jeden von uns, ermutigen, unsere herkömmliche Betrachtung von uns, von Gott, von der Welt zu verändern. Jene einschränkende Sicht, weg von einem Gott und einer Welt, die uns unser Leid abnehmen kann bzw. für unser Leid verantwortlich ist. Und stattdessen den Blick dafür zu öffnen, das Leid anzunehmen und uns davon zu lösen, indem wir einen neuen Umgang damit suchen. Denn schließlich haben zahlreiche Forschungen belegt, dass sich ein Bewusstseinswandel in unserem Gehirn auf unser Wohlbefinden und – weiter gefasst – auf unser Dasein auswirkt.

Die Befreiung vom Leid spielt im Buddhismus und in der buddhistischen Psychologie eine wesentliche Rolle. Mit diesem Leid ist jenes Leid gemeint, welches als die erste der Vier Edlen Wahrheiten bezeichnet wird. Diese Vier Edlen Wahrheiten bilden die Basis der buddhistischen Lehre, die von Buddha nach seiner Erleuchtung verfasst wurde. Vor seinem Erwachen war Buddha ein ganz normaler Mensch, der wie die meisten von uns versucht, alles das, was er liebte und begehrte, zu halten und alles das, was er ablehnte, loszuwerden. Auf der Suche nach Erleuchtung war es ihm gelungen, seinen eigenen Geist zu ergründen und die komplexen Zusammenhänge von körperlichem und seelischem Leid vollständig zu durchdringen. Er erkannte, warum Menschen leiden. Er fand aber auch einen Weg aus dem Leid. Die Essenz seiner alles transformierenden Erfahrung spiegelt sich in den sogenannten Vier Edlen Wahrheiten wider: „Es gibt Leiden. Es gibt eine Ursache des Leidens. Es gibt ein Ende des Leidens. Es gibt den Pfad zur Beendigung des Leidens. Diese Vier Edlen Wahrheiten lehren das Leiden und das Ende des Leidens."[10] Die ersten drei Wahrheiten erklären, wie Leid entsteht, und die vierte Wahrheit beschreibt den Weg aus dem Leid. Auch wenn diese bahnbrechende Erkenntnis Buddhas mehr als 2500 Jahre zurückliegt, hat sie bis zum heutigen Tag nicht an Gültigkeit verloren.

Die erste Edle Wahrheit könnte man als Diagnose bezeichnen, und zwar dahingehend, dass es offensichtliches oder subtiles Leid gibt. Offensichtliches Leid hat wohl jeder Mensch schon erlebt. Das empfinden wir, wenn wir uns alleine fühlen, krank sind, etwas verlieren, was uns am Herzen liegt, älter werden und früher oder später damit konfrontiert werden, dass wir sterben werden. All diese Erfahrungen gehen einher mit schmerzlichen Gefühlen wie etwa Wut, Angst, Trauer, Hilflosigkeit, Verzweiflung, Sorge. Und meistens wünschen oder hoffen wir, dass wir von solch leidvollen Erfahrungen verschont bleiben. Wir leiden darunter, dass die Welt nicht so ist, wie wir sie uns wünschen, nämlich etwa frei von Tod, Krankheit, Einsamkeit, finanziellen Schwierigkeiten. Und wir sind frustriert, dass wir trotz spiritueller Praxis – also etwa trotz Übungen und Meditationen, trotz gesunder Lebensführung, trotz sozialem Engagement nicht verschont bleiben von Enttäuschungen, Problemen, Krisen, Schicksalsschlägen und ähnlichem.

Mit dem subtilen Leid werden wir dann konfrontiert, wenn wir an Erfahrungen, Dingen oder Menschen festhalten wollen. Jedes schöne Erlebnis birgt Leid in sich, weil es irgendwann vergehen wird. Jede Begegnung mit einem geliebten Menschen birgt ebenfalls ein hohes Potential an Leid, weil dieser Mensch uns irgendwann verlassen wird, sei es, weil er einem anderen Menschen begegnet, den er mehr liebt, sei es, weil er krank wird und stirbt. Diese Erfahrung kann kein Mensch umgehen, weil sie in der Natur des Lebens selbst liegt. Es wird als subtiles Leid bezeichnet, weil es unterschwellig omnipräsent ist und uns solange beeinflussen wird, wie wir an Schönem festhalten.

Die zweite Edle Wahrheit befasst sich mit der Ursache des Leidens. Betreiben wir eine entsprechende Ursachenanalyse, erkennen wir schnell, dass die Wurzel dafür in unserem eigenen Geist angesiedelt ist, weil wir die Vergänglichkeit ignorieren und uns dadurch in der hoffnungsvollen Vorstellung verstricken, dass alles so bleibt, wie es ist, oder wir von der Sorge getrieben werden, dass es sich ändern wird. Eine weitere Ursache für unser Leid ist, dass wir frustriert, ärgerlich, enttäuscht oder wütend sind, weil wir nicht bekommen, was wir uns wünschen. Oder aber wir sind verletzt, beleidigt, mutlos, verzweifelt, hoffnungslos oder ernüchtert, wenn wir etwas bekommen, was wir nicht haben wollen. Zwischen diesen beiden Polen – Anhaftung und Abneigung – verläuft unser Leben und dementsprechend sind wir permanent damit beschäftigt, zu sichern, zu kämpfen, zu fürchten, zu bewachen, zu manipulieren.

Die dritte Edle Wahrheit erklärt, dass wir das Leiden beenden können, sobald wir Ursache und Wirkung erkennen. Nur so können wir unseren anhaltenden Kampf gegen Anhaftung und Abneigung beenden.

Die vierte Edle Wahrheit beschreibt letztendlich den Weg aus dem Leid.

Die Vier Edlen Wahrheiten spielen auch in der buddhistischen Psychologie eine tragende Rolle. Sie sind auf die Bedürfnisse und Nöte der Menschen von heute ausgerichtet und stellen eine alltagstaugliche Methode dar, die den Geist beruhigt und das Herz öffnen kann. Ihr Ziel ist es nicht, die Menschen dazu zu bewegen, aus dem Leben auszusteigen und sich in ein Kloster zurückzuziehen. Ihr Ansatz zielt eher darauf ab, die Menschen zu ermutigen, nicht vor dem Leben wegzulaufen, sondern einen intelligenten und praktikablen Weg gleichermaßen zu finden, um mit den Problemen, die ein „normales" Leben mit Liebesbeziehungen, pubertierenden Kindern, einem cholerischen Chef, Verlust und Findung von Arbeit, einer angemessenen Work-Life-Balance mit sich bringt, besser zu bewältigen. Dieser Ansatz verdeutlicht, dass es bei der buddhistischen Psychologie keinen Unterschied gibt zwischen spirituellen und weltlichen Problemen oder Krisen. Fragen etwa nach einem Leben nach dem Tod, Probleme bei der Meditationspraxis oder bei Übungen, Schwierigkeiten in der Ehe, finanzielle Schwierigkeiten, Probleme am Arbeitsplatz, Ängste, Traumata, Krankheiten sind allesamt in ihrer Verschiedenheit nichts anderes als Ausdruck des menschlichen Leidens, das man mit den zahlreichen Methoden, die die buddhistische Psychologie zur Verfügung stellt, beleuchten und bewältigen kann.

In der buddhistischen Psychologie geht es *immer* um die Praxis. Sie ist darauf angelegt, dass wir uns nach Möglichkeit tagtäglich, ja noch besser von Moment zu Moment in ihren verschiedenen probaten, das heißt in der Forschung auch als nachweisbar wirksam erwiesenen Aspekten wie Achtsamkeit, Mitgefühl, Geduld, liebende Güte, Dankbarkeit u.a. üben. Und zwar gleichermaßen in wichtigen als auch in nebensächlichen Situationen. Auf dem Meditationskissen und im geschützten Raum einer Therapie genauso wie beim Suchen nach einem Parkplatz oder bei der Erledigung der Steuererklärung. Die buddhistische Psychologie lehrt uns, in Kontakt zu kommen mit unserem Leid und dahinter mit uns selbst. Sie unterstützt uns darin, dass wir ein tiefes Vertrauen in die Tatsache gewinnen, dass wir dann, egal wer uns begegnet oder was uns passiert, in der Lage sind, uns inmitten all dessen, was geschieht, zu befreien. Wie Matthias Ennenbach so schön beschrieb: „Wir befreien uns nicht von unseren Gefühlen, sondern inmitten unserer Gefühle.“[11]

Im Folgenden werden einige grundlegende Aspekte der buddhistischen Psychologie aufgeführt. Sie basieren auf der Arbeit des buddhistischen Lehrers Jack Kornfield. In seinem Buch „Das weise Herz“ hat er aus seiner langjährigen Tätigkeit als buddhistischer Lehrer und westlicher Therapeut 26 Prinzipien zusammengestellt. Während meiner eigenen Angsterkrankung, die mich im Jahr 2011 ereilte, waren es besonders die hier im Buch vorgestellten Aspekte, die mir halfen, besser damit umzugehen. Sie im Verlauf der Erkrankung zu kultivieren, hat mir unter anderem geholfen, barfuß Schritt für Schritt wieder zu meiner Gesundheit zurückzufinden.

Die buddhistische Psychologie versteht sich quasi als eine Art inneres Training. Natürlich kann ein Lehrer, also etwa ein Lama oder Rinpoche, uns bei der täglichen Praxis – Meditation oder Übung – und bei der Arbeit an uns selbst unterstützen, aber der Wandel geschieht letztendlich durch die Art und Weise, wie wir unser eigenes Denken verändern und durch die Häufigkeit unserer eigenen Praxis. Für mich persönlich besteht die Praxis aus einer Mischung von Achtsamkeitsübungen – im weitesten Sinne –, Meditation, dem Lesen und Hören buddhistischer Lehren, dem regelmäßigen Besuch von Meditationsretreats, der Arbeit mit buddhistischen Weisheiten, die mir immer wieder als Affirmation für einen Tag dienen oder die ich als Leitmotiv für eine Woche oder einen Monat verwende.

Auf diesen persönlichen Erfahrungen basieren letztendlich auch die hier vorgestellten 52 Karten mit jeweils einer Übung und einer Weisheit, sowie einem Text im Buch, der den jeweiligen Aspekt vertieft. Die Karten dieses Buches sowie die Ausführungen zu den Karten hier im Buch stellen eine wertvolle Hilfe dar. Die jeweilige Übung oder eine Meditation unterstützen uns darin, unseren Geist immer wieder neu auszurichten. Sie helfen uns dabei, barfuß Schritt für Schritt zu gehen und unserem Leben eine neue Richtung zu geben – weg vom Leid und hin zu Wohlbefinden und zu uns selbst.

Erster Aspekt: Achtsamkeit kultivieren

In den Fußstapfen Buddhas und seiner Schüler: Im Alter von 35 Jahren erlangte Siddhartha Gautama, nachdem er viele Jahre nach Antworten auf die zentralen Fragen des Lebens: Wer bin ich? Warum sind wir hier? Wieso leiden wir? gesucht hatte, in einer Vollmondnacht unter dem legendären Bodhibaum Erleuchtung. Damit ist jene transformierende Erfahrung gemeint, dass Körper, Gedanken und Gefühle kein wirkliches „Ich“ besitzen und störende Gefühle nicht mehr vorhanden sind. Unter voller Erleuchtung bezeichnet man die Erfahrung der Buddha-Natur des eigenen Geistes jenseits von Hoffnung, Furcht und falschen Vorstellungen und die Fähigkeit, darin zu verweilen. Nach seinem Erwachen hielt er bis zu seinem Tod im Alter von 80 Jahren zahlreiche Lehrreden, um den Menschen den Weg aus dem Leiden zu zeigen. Eine davon ist das sogenannte Satipatthana Sutta, Majjhima Kikaya Nikaya 10, das Sutra über die Vier Verankerungen der Achtsamkeit. Buddha beschreibt die vier Grundlagen der Achtsamkeit darin ausführlich als: Achtsamkeit der Aktivitäten des Körpers, Achtsamkeit der Empfindungen und Gefühle, Achtsamkeit der Aktivitäten des Geistes und Achtsamkeit der Geistesobjekte. Wie alle Lehrreden Buddhas, so beginnt auch dieses Sutra mit dem Satz: „So habe ich gehört.“ Weiter heißt es: „Mönche, es gibt einen wunderbaren Weg, der den Lebewesen hilft, sich zu läutern, Kummer und Trauer geradewegs zu überwinden,

Schmerz und Angst zu beenden, den rechten Pfad zu gehen und Nirvana zu verwirklichen. Dieser Weg sind die Vier Verankerungen der Achtsamkeit."[12] Buddha beschreibt sehr detailliert, wie die Praxis der Achtsamkeit aussieht und wo sie anzuwenden ist: überall! Dabei geht er nicht nur auf das achtsame Gehen und Essen ein, sondern auch „wenn er Stuhlgang hat oder uriniert, schenkt der dem seine volle Aufmerksamkeit."[13]

Die von Buddha empfohlene Praxis der Achtsamkeit, die jeden Moment des Lebens umfasst, widerspricht in vielem unserem heutigen Leben, in dem wir meistens drei Dinge gleichzeitig tun. Selbst beim Frühstück mit der Familie lesen wir Zeitung oder schreiben SMS oder lesen E-Mails. In diesem Verhalten, bei dem unsere Aufmerksamkeit zerstreut ist, liegt nach modernen Achtsamkeitslehrern ein wesentlicher Grund für unsere Unzufriedenheit mit dem Leben. Der vietnamesische Mönch, Schriftsteller und Lyriker Thich Nhat Hanh, der wie kein anderer zeitgenössischer Mönch vor ihm die buddhistische Achtsamkeitspraxis im Westen bekannt machte, betont immer wieder, dass nur eine regelmäßige Meditationspraxis und Schulung der Achtsamkeit im Alltag zu tiefer spiritueller Reife und innerem Frieden führen können.[14] Wie lohnenswert die Integration von Achtsamkeit in unser tägliches Leben ist, wurde in den letzten Jahren auch von Seiten der Wissenschaft erforscht und bestätigt. Der amerikanische Prof. Dr. Jon Kabat-Zinn hat hierzu einen wichtigen Beitrag geleistet. Der Begründer der Stress Reduction Clinic an der Universität von Massachusetts entwickelte die sogenannte „Mindfulness Based Stress Reduction", die Methode zur Bewältigung von Stress durch Achtsamkeit (MBSR). Dabei handelt es sich um ein Selbsthilfeprogramm, bei dem die möglichst tägliche Praxis verschiedener Achtsamkeitsübungen eine wichtige Rolle spielt.[15]

Achtsamkeit als ein Lebensprinzip: Für Buddha war die Praxis der Achtsamkeit von zentraler Bedeutung, denn er wusste bereits damals, dass wir nur mit Hilfe der Achtsamkeit das menschliche Leiden überwinden. Dieses entsteht laut Buddha deshalb – wie in den Vier Edlen Wahrheiten bereits beschrieben –, weil wir konstant mit dem Leben hadern: Wir wollen loswerden, was wir haben, oder sind begierig auf das, was wir gerade nicht erreichen oder bekommen können. Wir wünschen uns einen zärtlicheren Ehemann, eine attraktivere Partnerin, ein höheres Gehalt, weniger Stress, eine größere Wohnung, besseres Wetter, fröhlichere Nachbarn, intelligentere Politiker, freundlichere Bedienungen, frischere Brötchen, wertschätzendere Kinder, einsichtigere Chefs, aufmerksamere Mitarbeiter. Diese Liste ließe sich ins Unendliche fortsetzen. Kaum ist nämlich ein Wunsch erfüllt oder ein Ziel erreicht, haben wir bereits etwas anderes im Auge, was wir scheinbar brauchen, um glücklicher, entspannter, zuversichtlicher oder fröhlicher zu sein, oder was wir nicht haben wollen – eine Grippe, eine Entlassung, schlechte Augen, Zahnschmerzen, einen Konkurs, angeschimmeltes Obst, einen schnarchenden Ehemann, eine hinterhältige Schwiegermutter oder eine Trennung von unserem Geschäftspartner.

Zum Glück hilft die Achtsamkeit uns dabei, Schritt für Schritt einen Weg aus dem Dilemma der Anhaftung und Ablehnung zu finden. „Achtsamkeit verfeinert unsere Aufmerksamkeit“, so die Meditationslehrerin Sharon Salzberg,

„sodass wir ganz und gar direkt auf all das eingehen können, was uns das Leben bringt." Diese Aussage macht deutlich, dass Achtsamkeit eine geistige Ausrichtung ist. Sie ist aber auch ein praktischer Wegweiser und ein Lebensprinzip gleichermaßen. Sie hilft uns, entspannt und gelassen wie ein Buddha zu werden. Sie ist eine besondere Kraft, die unser Bewusstsein öffnet, es erweitert und stärkt. Sie unterstützt uns darin, ganz präsent im gegenwärtigen Moment zu sein und unsere eigenen Gefühle, Gedanken, Körperempfindungen, Befindlichkeiten sowie unsere Automatismen im Alltag zu erkennen und zu verändern.[16] Achtsam zu sein bedeutet, dem, was gerade im Moment stattfindet, wertfrei zu begegnen. Achtsamkeit entspannt uns und öffnet uns die Augen für die vielen Wunder des Lebens. Laut Mark Williams, einem der wichtigsten wissenschaftlichen Wegbereiter der Methode „Stressbewältigung durch Achtsamkeit", stellen sich durch die Schulung der Achtsamkeit langfristige Veränderungen in der Stimmungslage und der inneren Zufriedenheit und Wohlbefinden ein. Sie beugt seiner Studie zufolge Depressionen vor und beeinflusst positiv die zerebralen Muster, die alltäglichen Gefühlen wie Unruhe, Stress und Reizbarkeit zugrundeliegen, weil wir sie, wann immer sie auftauchen, leichter wieder auflösen können. Belegt ist wissenschaftlich auch, dass Menschen, die regelmäßig eine Achtsamkeitspraxis ausüben, seltener zum Arzt gehen und weniger Tage im Krankenhaus verbringen. Die Konzentration wird gesteigert und die Gedächtnisleistung verbessert sich und auch die Reaktionszeiten verkürzen sich.[17]

Achtsamkeit stellt die Basis der buddhistischen Psychologie dar, weil wir nur mit ihrer Hilfe das, was uns gerade passiert, wertfrei beobachten können, ohne uns darin zu verfangen. Sie ist der Schlüssel, der uns hilft, tiefer gehende Einsichten zu gewinnen über unsere eigenen Körperempfindungen, unsere Gefühle und unsere Gedanken. Achtsamkeit hilft uns dabei, mehr über unsere Sicht auf uns selbst, andere Menschen und die Welt zu erkennen und zu verstehen. Sie hilft uns entspannter zu werden und gelassener auf das zu reagieren, was das Leben mit sich bringt.

Persönliche Erfahrungen mit der Achtsamkeit: „Unser Geist bestimmt unser Schicksal und unser Leben", sagt der Dalai Lama. „Durch ihn entsteht alles. Sowohl unsere Krankheit, als auch unsere Gesundheit." Diese Aussage des religiösen Oberhaupt Tibets kann ich heute aus eigener Erfahrung bestätigen. Jahrelang war es mein Geist, der mich durch mein Leben jagte, aus Angst etwas zu verpassen: besondere Gelegenheiten, geistreiche Gespräche, lukrative Aufträge, abenteuerliche Reisen. Jahrelang trieb er mich dazu an, fünf Dinge gleichzeitig zu tun. Er war es auch, der mich krank machte und mich ausbrennen ließ. Ein ganzes Jahr lang konnte ich nicht länger als zwei Stunden am Tag arbeiten, weil alles in mir nach einer Pause verlangte. Es war die Achtsamkeit, die eine wesentliche Rolle bei meiner Genesung spielte. Es war auch die Achtsamkeit, die eine tragende Rolle bei der Erziehung meines Geistes spielte. Sie war sogar der wichtigste Aspekt, der mir dabei half, die Überholspur zu verlassen und barfuß Schritt für Schritt zu gehen. Die Achtsamkeit berührte meine innere Haltung mir selbst, anderen und dem Leben gegenüber. Sie berührte aber auch meinen Körper und meinen Geist. Dadurch führte sie zu einer Kehrtwende in meinem Leben, weil ich durch sie am eigenen Leib erfahren konnte, was selbst Schulmediziner inzwischen erforscht haben: Achtsamkeit verändert unser ganzes Leben und kann es in Folge nachweislich verbessern. Indem ich meinen Fokus weg vom Multitasking hin zur Achtsamkeit lenkte, entstand wieder eine bessere Konzentration, körperliches und seelisches Wohlbefinden, und eine mir so vertraute Lebensfreude und Gelassenheit. All dies sind umfassende Wirkungen auf unseren Körper und Geist, um die nicht nur die buddhistische Psychologie weiß, sondern für die sich auch die westliche Medizin immer mehr öffnet. Auch bei uns wird Achtsamkeitstraining mittlerweile in Kliniken und Psychotherapien als wichtiger Baustein bei der Reduktion und als Prophylaxe gegen Stress oder seinen schädlichen Folgen wie Burnout-Erkrankungen verordnet. Eine solche Maßnahme ist in der heutigen Zeit auch dringend notwendig, in der Stress für viele Menschen, die mir auf Achtsamkeitsseminaren begegnen, zum Bestandteil ihres Lebens geworden ist. Durch die Praxis der Achtsamkeit lernte ich, auch unter großem Druck gelassener zu reagieren und zu bleiben. Durch sie begann ich auch, das Leben auf eine ganz neue Weise zu genießen: unabhängiger von äußerlichen Ereignissen zu sein. Ich begann, mich viel lebendiger zu fühlen, obwohl ich von außen betrachtet ruhiger wurde. „Ein Leben ohne Achtsamkeit heißt zu leben, als seien wir bereits gestorben", sagt die Meditationslehrerin Sharon Salzberg und empfiehlt die Achtsamkeit als eine lohnende tägliche Praxis.

Achtsamkeit hat zum Ziel, den Moment wertfrei wahrzunehmen. Und da das ganze Leben aus wertvollen Augenblicken besteht, ist gerade jetzt der richtige Moment, um mit der Praxis der Achtsamkeit anzufangen. Gerade das aber ist die Kunst. Wie es mir scheint, keine leichte.

Auch jetzt, wo ich wieder gesund bin, und trotz meiner regelmäßigen Meditationspraxis schiebt sich – wenn ich nicht aufpasse – eine lange To-do-Liste zwischen mich und die Achtsamkeitspraxis. Dann ergeht es mir so wie vielen anderen: Ich laufe Gefahr, die Absicht, achtsamer zu sein, vom Morgen auf den Abend, von heute auf morgen zu verschieben. Gott sei Dank fällt es mir dann ab und zu ein, dass es nur einen einzigen vollkommenen Moment gibt, um mit der Achtsamkeit zu beginnen. Der ist genau jetzt! Diesen einen Moment auszuschöpfen, jeden einzelnen Augenblick als einzigartig wahrzunehmen, darum geht es bei der Praxis der Achtsamkeit.

Eine Weisheit, die Sie auf Ihr Herz legen können:

„Achtsamkeit beinhaltet die geschickte Nutzung der Aufmerksamkeit, die Sie auf Ihre innere und auf Ihre äußere Welt richten. Da Ihr Gehirn hauptsächlich von dem lernt, dem Sie Ihre Aufmerksamkeit widmen, ist Achtsamkeit die Tür zur Aufnahme guter Erfahrungen sowie dazu, sie zu einem Teil Ihrer selbst zu machen."

Rick Hanson[18]

1

Achtsamkeitskarte Nr. 1

Achtsam Schritt für Schritt gehen

Achtsam zu sein, bedeutet, wach zu sein.
Es bedeutet, zu wissen, was wir tun.

– Jon Kabat-Zinn –

ÜBUNG: Ziehen Sie Ihre Sieben-Meilen-Stiefel aus! Erleben Sie jeden einzelnen Schritt als etwas Kostbares. Nehmen Sie ganz bewusst den Untergrund unter Ihren Füßen wahr. Bleiben Sie mit Ihrer ganzen Aufmerksamkeit bei dieser Erfahrung. Seien Sie neugierig und beobachten Sie wertfrei, was geschieht, wenn Sie Schritt für Schritt gehen.

Meistens gehen wir zu schnell. Wir hasten durch unseren Alltag und schlimmer noch, meist auch durch unser Leben. Wir hetzen von einem Termin zum nächsten und fühlen uns dadurch permanent gestresst. An Tagen, an denen unser Terminkalender besonders voll ist, laufen wir automatisch schneller – und werden in Folge dementsprechend unachtsamer. Passen wir an solchen Tagen nicht auf, eilen wir sogar auch dann noch, wenn wir bereits alles erledigt haben und gar kein Grund mehr besteht, dass wir zügig laufen. Eine solche Gangart tut niemandem gut. Auch Ihnen nicht. Früher oder später hat sie negative Auswirkungen auf Ihren

Körper, denn das eilige, hektische, hastende und gestresste Gehen setzt nervenerregende Hormone wie Adrenalin und Cortisol frei, schwächt das Immunsystem, verschlechtert die Verdauung und die Stimmung. Durch andauernde Eile wird das gesamtes Stressreaktionssystem aktiviert, dass ursprünglich dafür angelegt war, vor Gefahren wie hungrigen Löwen wegzulaufen. Stress und Eile versetzen Ihr Gehirn konstant in Alarmbereitschaft, es sucht den Horizont nach Gefahren ab und reagiert oft vollkommen übertrieben – wenn Sie unachtsam sind und sich nicht bewusst sind, was Sie da überhaupt tun.

Davon abgesehen, dass dieser Dauerstress Ihnen körperlich und physisch schadet, verpassen Sie durch Ihr schnelles Gehen die Schönheit des Lebens und der Erde. Dabei ist sie viel zu bunt, viel zu schön und viel zu abwechslungsreich und voller malerischer Orte: Alleen mit knorrigen Bäumen, Vorgärten mit blühenden Blumen, historische Straßenzüge, malerische kleine Pfade, traumhafte Landschaften und beeindruckende Architektur warten überall auf offene Augen. Gehen Sie lieber achtsam Schritt für Schritt. Dann werden Sie wieder fähig, diese zahlreichen Wunder im Leben wahrzunehmen. Durch das achtsame Gehen werden Sie darüber hinaus auf ganzer Linie wieder wacher. Dann nehmen Sie erst wieder wahr, wie viel Kummer, Sorgen und überflüssige Gedanken Sie mit sich herumschleppen und wie sehr diese Sie gleichermaßen antreiben und bedrücken. Achtsames Gehen bringt Sie in den gegenwärtigen Moment zurück. Sie können die oft so überflüssigen sorgenvollen Gedanken hinter sich lassen und Schritt für Schritt, Atemzug für Atemzug im Hier und Jetzt gehen.

Übrigens: Für das achtsame Gehen braucht es keine Vorkenntnisse! Jeder kann langsam und bewusst gehen und dabei den Boden unter den Füßen wahrnehmen, egal ob es sich dabei um Asphalt, Kiesel oder den Waldboden handelt. Jeder Mensch kann lernen, sich vom Verstand nicht in die Zukunft oder in die Vergangenheit ziehen lassen, sondern verankert im und mit dem Körper Schritt für Schritt zu gehen.

Gehen, ohne anzukommen

Wenn Sie die Praxis des achtsamen Gehens ausweiten möchten, probieren Sie doch einmal die Gehmeditation im traditionellen buddhistischen Stil. Suchen Sie sich dafür eine Wegstrecke, auf der Sie absichtslos gehen. Gehen Sie 10 Schritte in Ihrem Wohnzimmer oder 30 Schritte in einem Park auf und ab – ohne ein Ziel zu verfolgen. Sie haben hier nicht die Absicht, einen bestimmten Ort zu einer bestimmten Zeit oder innerhalb einer vorgegebenen Zeitspanne zu erreichen. Das achtsame Gehen selbst ist entscheidend! Es ist das Ziel, nicht Mittel zum Zweck.

2

Achtsamkeitskarte Nr. 2

Achtsam Schluck für Schluck trinken

Achtsamkeit strebt nichts an.
Sie sieht einfach, was bereits da ist.

– Mahathera Gunarantana –

ÜBUNG: **B**leiben Sie mit allen Sinnen bei der Erfahrung, während Sie etwas Schluck für Schluck trinken. Was Sie trinken, ist egal, denn es geht nicht um das WAS, sondern um das WIE. Durch Achtsamkeit wird Trinken zu einem Akt der Heilung, denn die Inhaltsstoffe werden nachweislich besser aufgenommen.

Wenn Sie ganz bewusst durch einen großen Supermarkt oder durch ein historisch-legendäres Kaufhaus wie das KDW gehen, werden Sie unschwer erkennen, dass wir wahrhaft in einem Schlaraffenland leben. Dort steht uns wirklich in einem Übermaß eine Vielzahl an köstlichen Weinen, frischen Kaffeesorten, erlesenen Teepflückungen, verschiedensten Fruchtsäften und Milchsorten zur Auswahl. Welche Fülle! Welcher Reichtum! Egal ob im Supermarkt abgepackt oder frisch gebrüht im erlesenen Feinschmeckercafé serviert: die große Palette an köstlichen Getränken erschlägt uns jedoch schnell, weil wir oft gar nicht wissen, was wir in diesem riesigen Angebot auswählen sollen. Vielleicht führt dieses Überangebot dazu, dass auch Sie sich oft gar nicht bewusst sind, was für ein Geschenk an Ihre Sinne all diese köstlichen, erlesenen, berauschenden und gesunden Getränke sind. Vielleicht führt dieser Überfluss auch dazu, dass Sie oft mit Ihren Gedanken ganz woanders sind, während Sie einen frisch gepressten Orangensaft trinken, ein kühlendes Glas Wasser oder einen köstlichen Latte macchiato zu sich nehmen. Wir lesen Zeitung, telefonieren, reden, zappen, lesen E-Mails, simsen, fahren Auto, gehen oder schauen uns einen Film an, während wir ein Getränk durch unsere Kehle rinnen lassen. Wir sind mit unserer Aufmerksamkeit überall, nur nicht beim Trinken. Der Coffee-to-go-Zeitgeist unterstützt unsere Tendenz zu einer zerstreuten Aufmerksamkeit noch um ein Vielfaches.

Wenn Sie Achtsamkeit entwickeln, werden Sie feststellen, wie viel sich durch einen solchen bewussten Akt des Schluck-für-Schluck-Trinkens verändert. Sie entspannen sich, sammeln sich und kommen wieder zur Ruhe. Selbst dann, wenn Sie sich nur fünf Minuten dafür gönnen. Nehmen Sie sich deshalb immer wieder Zeit dafür, Ihren Tee, Kaffee oder ein Glas Wasser in Ruhe zu trinken. Dann wird Sie vielleicht auch ein Gefühl von Dankbarkeit überkommen in dem Bewusstsein, was für ein Geschenk es eigentlich ist, ein solches Getränk zu sich nehmen zu können.

Vor einiger Zeit habe ich in Facebook ein Foto gesehen, das mich tief berührt hat. Darauf zu sehen waren eine gut gekleidete Frau und ein afrikanischer Junge, die in einem scheinbar kleinen Dorf vor einer einfachen Hütte standen. Der Junge sah die Frau ungläubig an und fragte sie ins Gesicht: „And you are telling me that you have so much water that you can shit in it?!“ Als ich dies sah, wurde mir augenblicklich klar, dass das, was wir einfach verwenden, sei es für die Toilette oder auch als Badewasser, auf der anderen Seite des Kontinents kostbares Gut zum Überleben darstellt. In diesem Moment wurde mir wieder einmal bewusst, was für ein kostbares Gut Wasser sein kann! Menschen in Afrika würden viel dafür geben, ein einziges Glas Wasser zu trinken.

Wenn Sie achtsam sind mit dem, was Sie trinken, bemerken Sie auch viel eher, wann Sie Durst bekommen und wann Ihr Durst gelöscht ist. Das Gespür dafür ist Ihnen wahrscheinlich wie den meisten Menschen abhanden gekommen, weil Sie vor lauter Geschäftigkeit nicht mehr darauf achten, wann Ihr Körper Flüssigkeit braucht. Erst wenn Sie vielleicht Kopfschmerzen bekommen, erinnern Sie sich daran, dass Sie zu wenig getrunken haben. Achtsamkeit im Umgang mit Trinken kann Sie ebenfalls weitergreifend erkennen lassen, wenn Sie – möglicherweise – Ihre seelischen Nöte in Wein ertränken oder wann Sie Wein wirklich genießen. Achtsamkeit wird Ihnen die Augen für das öffnen, was Sie tun oder eigentlich bräuchten.

3

Achtsamkeitskarte Nr. 3

Achtsamer Umgang mit Worten

Mögen deine Worte passend und mäßig sein,
klar und angenehm,
in leisem und ruhigen Tonfall gesprochen,
und mögen sie weder Hass
noch Begierde zum Ausdruck bringen.

– Shantideva –

ÜBUNG: Worte können heilen, verletzen oder berühren. Je nachdem, wie wir sie einsetzen. Seien Sie sich dessen bewusst. Achten Sie darauf, wie Sie sprechen. Vermeiden Sie nach Möglichkeit verletzende oder beleidigende Worte. Sprechen Sie nach Möglichkeit in einer Art und Weise, die wohlwollend, klar, konstruktiv und friedlich ist.

Der von Buddha verfasste achtfache Pfad beinhaltet auch die sogenannte „Rechte Rede". Er wusste, dass wir mit unseren Worten gleichermaßen Leid wie Freude bewirken können. Durch die Achtsamkeit werden Sie lernen, sich bewusst zu werden, *wie* Sie sprechen und *was* Sie mit Ihrer Sprache bei anderen Menschen bewirken. Sind Sie zum Beispiel in einem Streit unachtsam, werden Sie einen anderen Menschen durch Ihre Worte verletzen oder eine kostbare Beziehung zerstören. Nach Buddha lässt sich Sprache heilvoll und unheilvoll einsetzen. Lüge und Geschwätz etwa sind unheilvoll. Gleiches gilt, wenn wir harsche, verletzende oder entzweiende Worte zum anderen sagen. Im Sinne Buddhas ist eine solche Sprache heilsam, die wertschätzend, klar und wohlwollend ist, Frieden und Freude schafft. Dies ist nicht immer einfach, mit Hilfe der Achtsamkeit jedoch durchaus möglich. Wenn Sie vollkommene Verantwortung für Ihr Reden übernehmen, werden Sie in Zukunft entsprechend achtsamer beim Sprechen sowie beim Zuhören werden. Dadurch verändert sich die Qualität Ihrer Sprache, Ihrer Wahrnehmung und Ihrer Beziehung zu anderen Menschen ins Positive.

Manchmal ist es aber auch sinnvoller zu schweigen! Aber auch Schweigen beinhaltet verschiedene Qualitäten. Dies müssen wir uns genauso wie einen achtsamen Umgang mit Worten erst einmal erobern. Folgende Geschichte kann für Sie vielleicht zu einem Anker für den Einsatz von heilvoller Sprache werden oder Ihnen einen Hinweis darauf geben, wann es besser ist zu schweigen.

Die drei Siebe

Aufgeregt kam Sammy zu seinem Guru: „Höre, Guruji. Ich muss dir unbedingt etwas erzählen. Dein Schüler Chris …“ „Warte einen Moment!“, unterbrach ihn der Guru, wohlwissend, dass Sammy seinen Schüler Chris ablehnte. „Hast du das, was du mir erzählen möchtest, durch die drei Siebe laufen lassen?“ „Drei Siebe?“, fragte Sammy voller Verwunderung. „Ja, drei Siebe. Lass uns doch gemeinsam überprüfen, wie das, was du mir erzählen möchtest, durch die drei Siebe hindurchgeht. Das erste Sieb ist die Wahrheit. Hast du alles, was du mir erzählen willst, dahingehend überprüft, ob es auch wirklich wahr ist?" „Nein", antwortete der Schüler. „Ich habe es auch nicht direkt von Chris gehört, sondern nur von Klaus, der Chris vom Sehen kennt. Und …" „So, so", antwortete der Guru, wohlwissend, dass Klaus Chris nicht sonderlich mochte. „Aber sicher hast du die Geschichte mit dem zweiten Sieb geprüft, dem Sieb der Güte. Ist das, was du mir erzählen möchtest, wenn schon nicht als wahr erwiesen, wenigstens gut und heilvoll?" Zögernd antwortete der Schüler: „Nein, es ist genau das Gegenteil." „Dann lass uns schauen, wie deine Geschichte durch das dritte Sieb geht. Ist es notwendig, mir das zu erzählen, was dich so erregt?" „Na ja", sagte der Schüler, mittlerweile im reumütigen Ton. „Notwendig ist es nun auch nicht wirklich." „Also", sagte der Guru, „wenn es weder wahr ist, noch heilvoll und auch nicht notwendig, dann verschone mich bitte mit deiner Geschichte und vergiss sie."[19]

4

Achtsamkeitskarte Nr. 4

Achtsam den Blick weiten

Jeder Moment von Achtsamkeit
ist eine Bekräftigung für das Leben.
Jeder Moment von Achtsamkeit zählt.

– Jack Kornfield –

ÜBUNG: Richten Sie Ihr Gewahrsein weg von den einzelnen Gegenständen wie dem PC oder dem Gesprächspartner hin zu dem Raum um die Objekte. Beim Blick in den Spiegel weiten Sie Ihren Blick weg vom Kopf, hin zum Raum, der den Kopf umgibt. Betrachten Sie diesen Raum, als würden Sie durch eine Kamera mit Weitwinkelobjektiv schauen.

Normalerweise richten wir unsere Aufmerksamkeit auf die Objekte in unserer unmittelbaren Umgebung, wie zum Beispiel auf das Smartphone, das vor uns auf dem Tisch liegt, oder auf den PC, auf den wir schauen, auf den Teller, der vor uns steht, oder auf das Auto vor uns, wenn wir im Stau stehen. Dadurch entgeht uns das Umfeld. Deshalb bedarf es einer gewissen Übung, unseren Blick zu weiten auf den Raum um all die Dinge, die das Objekt unserer Achtsamkeit umgeben, sei es in einem Zimmer oder in der Natur. Öffnen wir uns bewusst für dieses Umfeld, dann lernen wir, dass der Raum, den das Objekt umgibt, genauso wichtig ist wie die Objekte in dem Raum. Lassen wir diesen Raum zu, entsteht nicht nur Weite in unserer Wahrnehmung, sondern auch in unserem Geist.

In dem Moment, in dem Sie auch im übertragenen Sinne den Blick weiten können, werden Sie erkennen, dass Sie nicht alleine sind, sondern sich in einem riesigen Universum befinden, in dem alles mit allem verbunden ist.[20] Ein solcher Blick auf die Verbundenheit mit allen Menschen, mit allen Wesen und mit dem ganzen Universum ist deshalb ein wichtiger Aspekt in der buddhistischen Psychologie, weil es Rückhalt und Trost eröffnen kann, wenn Sie sich der Interdependenz von allem bewusst sind – auch von Handeln, Denken und Fühlen.

Den eigenen Geist weit werden lassen

Sollten Sie Freude an der Übung „Den Blick weiten" gefunden haben, dann können Sie Ihren Blick auch im übertragenen Sinne weiten und Ihren Geist weit werden lassen. Versuchen Sie, Ihre Gedanken einmal loszulassen und sich des Geistesgrundes gewahr zu werden, der hinter den Gedanken ist. Stellen Sie sich vor, dass es um jeden einzelnen Gedanken einen Raum gibt. Versuchen Sie, sich bewusst zu machen, dass Ihre Gedanken nicht mehr sind als Gedanken, die in einem weiten Raum Ihres Geistes schweben. Lassen Sie Ihren eigenen Geist so weit werden wie den Himmel.

Sie können Ihren Geist auch auf die Verbundenheit mit allen und allem ausweiten. Wie heilvoll dies ist, weiß auch der Dalai Lama und wird nicht müde, diesen Aspekt zu betonen: „Das Verständnis der wechselseitigen Verbundenheit der Wesen und Erscheinungen fördert Frieden und Gewaltlosigkeit sowohl in den Menschen als auch in der Außenwelt. Die wechselseitige Verbundenheit ist eines der grundlegenden Prinzipien der buddhistischen Lehre."[21] Kultivieren Sie dieses Bewusstsein, dann werden Sie auch achtsamer im Umgang mit den Ressourcen. Dann haben Sie auch im Bewusstsein, dass nach Ihnen weitere Generationen hier auf diesem Planeten leben wollen.

Zweiter Aspekt: Körperbewusstsein entwickeln

In den Fußstapfen Buddhas und seiner Schüler: Die Entwicklung einer bewussten Wahrnehmung sämtlicher Vorgänge, inklusive physischer Empfindungen und emotionaler Spannungen im Körper, spielt eine wesentliche Rolle im Buddhismus und auch in der buddhistischen Psychologie. Hierfür wurden zahlreiche Meditationen entwickelt. Eine davon ist die sogenannte Vipassana-Meditation. Dies bedeutet wörtlich so viel wie „Einsicht" und im übertragenen Sinne „die Dinge sehen, wie sie sind". „Vipassana", so wie es heute praktiziert wird, meint die im Buddhismus grundlegende Erkenntnis, dass alle Wesen, die dem Kreislauf der Wiedergeburt unterlegen sind, folgende drei Merkmale haben: Sie sind vergänglich (anitya), sie haben kein Selbst (anatman) und sie sind dem Leid unterworfen (duhka). Wer dies erkennt, hat nach buddhistischer Ansicht einen wichtigen Schritt getan, um den Kreislauf der Wiedergeburten zu durchbrechen. Die Vipassana-Meditation spielt hierbei sogar eine zentrale Rolle, ja sie wird sogar als Basis zur Selbsterkenntnis bezeichnet, weil sie die umfassenden menschlichen Probleme an der Wurzel angeht und alles mit einbezieht – auch unseren Körper. „Die von Buddha gelehrte und praktizierte Meditation ist zutiefst somatisch", so R. Ray, „sie ist ganz und gar in den Empfindungen, in der Sinneswahrnehmung, den Gefühlen und so weiter verwurzelt. Selbst die Gedanken werden als etwas Somatisches behandelt – als Energieausbrüche, die im Körper erfahren werden, und nicht als nichtphysische Phänomene, die uns von unserem Körper abtrennen. In der ältesten Form ist die buddhistische Meditation eine Technik zur Lösung von der objektivierenden Tendenz des Denkens und zum vollen Eintreten in eine tiefe Kommunion mit unserer verkörperten Natur. Und deshalb führt sie dazu, dass wir ‚die Erleuchtung im Körper und durch den Körper berühren‘ können.“[22]

Vipassana, wie es heute praktiziert wird, wurde zu Beginn des 20. Jahrhunderts wiederentdeckt. Einer der bedeutendsten asiatischen Meister der Neuzeit ist Satya Narayan Goenka, der die Technik des „Body Sweepings“ entwickelt hat. Sie wird als die authentischste und reinste Form der Technik anerkannt, so wie sie der Buddha gelehrt hat. Man lernt, den Kontakt zur Inneren Weisheit zu stärken, indem man den Körper innerlich „abtastet“. Dabei wird die Achtsamkeit durch den ganzen Körper gelenkt und verweilt bei allen Empfindungen, an denen eine noch so geringe Spannung wahrgenommen wird – ohne sich damit zu identifizieren. Diese Spannungen werden nach buddhistischer Ansicht von Emotionen verursacht, zum Beispiel von Gier, Hass, Angst und Neid. Nehmen wir sie über die physiologische Verortung bewusst wahr und lernen wir, sie zu benennen, können wir uns von ihnen lösen. Dadurch lernen wir, zukünftig nicht gänzlich unbewusst darauf zu reagieren. Goenkas Body Sweeping wird im Westen mit großem Erfolg bei Stressabbau verwendet, u. a. von Jon Kabat-Zinn, der die Methode weiterentwickelt hat. Ein weiterer bekannter Vipassanalehrer ist Jack Kornfield.[23]

Körperbewusstsein als ein Lebensprinzip: Die bewusste Wahrnehmung des Körpers und die bewusste Erfahrung seiner Empfindungen und physischen Vorgänge sowie das Wissen um seine Vergänglichkeit spielen im Buddhismus wie dargestellt eine tragende Rolle. Die Flüchtigkeit von Zuständen – etwa die Vergänglichkeit der eigenen Jugend oder die Abnahme der eigenen Vitalität und Schönheit – zu akzeptieren, ist für die meisten von uns sehr schwierig. Wir haften an und wir lehnen ab – wir möchten unseren Körper immer jugendlich, schön, lebendig und potent wissen. Um dies zu erreichen, übergehen wir seine natürlichen Bedürfnisse und Grenzen und ignorieren die Gesetzmäßigkeiten, denen er unterworfen ist. Dadurch, dass wir ihn funktionalisieren, übersehen wir, dass er der Sitz unserer Seele ist, die durch ihn als unser Seismograph agiert und immer Recht hat.

Durch unseren Körper erfahren wir uns selbst und die Welt. Durch ihn erlangen wir Bewusstheit, Glück und innere Freiheit. Zeitgenössische buddhistische Lehrer wie Jack Kornfield sehen im Körper sogar das wichtigste Instrument auf dem spirituellen Weg. Beziehen wir ihn mit in unsere tägliche spirituelle Praxis ein, ohne uns auf dem Meditationskissen von ihm abzuspalten, erfahren wir das Leben auf eine ganz neue Art und Weise: unmittelbar. Voller Achtsamkeit einen Apfel zu essen, den Waldboden unter unseren nackten Füßen zu spüren, eine frische Blume zu riechen, einen geliebten Menschen zu streicheln, können wir nur, weil wir einen Körper besitzen.

Für die buddhistische Psychologie ist die Arbeit mit dem Körper elementar. „Denn“, so Mark Williams, „er reagiert extrem sensibel selbst auf das winzigste Aufflackern von Emotionen, die uns unablässig durch den Kopf gehen. Vielfach nimmt er Gedanken bereits wahr, bevor wir sie bewusst registrieren, und häufig nimmt er sie für bare Münze, unabhängig davon, ob sie einen korrekten Eindruck von der Welt liefern oder nicht."[24] Der Körper reagiert nicht nur auf das, was wir denken oder fühlen, sondern er sendet seinerseits auch Rückmeldungen über unsere Emotionen an unser Gehirn, die grundlegende Gefühle wie Angst, Sorgen, aber auch Freude verstärken können. Diese Rückkopplungsschleife übt eine große Macht auf unser Dasein aus. Erwiesenermaßen hängen Wertungen und Urteile, die wir andauernd bewusst und unbewusst fällen, auch von unserer momentanen körperlichen Verfassung ab. Wenn wir unsere Beziehung zu unserem Körper also dahingehend verändern, eine positive Beziehung zu ihm zu entwickeln – und das ist ein Ziel der buddhistischen Psychologie – wird sich in Folge auch unser Leben in eine positive Richtung entwickeln.

Persönliche Erfahrungen mit dem Körperbewusstsein: In meinen Seminaren begegnen mir immer wieder Menschen, die dem Himmel sehr nahe sind, aber kein Gefühl für ihren Körper besitzen. Sie versuchen, die Erleuchtung ohne den Körper zu erlangen, weil sie im tiefsten Innern verletzt worden sind und diese seelischen und körperlichen Verletzungen in ihren Zellen gespeichert haben, aber nicht spüren möchten. Die meisten von ihnen – ich selbst nicht ausgeschlossen – kommen früher oder später nicht umhin, die Integration aller Aspekte, aller Erfahrungen, aller Anteile vorzunehmen. Wir können den Körper nicht ausschließen. Denn, so formulierte es Teresa von Ávila ganz treffend: Je mehr wir in den Himmel wachsen, desto mehr müssen wir im Körper ankommen – und uns in der Erde verwurzeln. Nur dann ist wahre Transformation möglich.

Eine Weisheit, die Sie auf Ihr Herz legen können:

Der Buddha sagte „In diesem einen Klafter großen Körper mit seinem Geist liegen alle Lehren begründet."[25]

5

Körperkarte Nr. 1

Den eigenen Körper erforschen

Unser Körper ist ein kostbares Geschenk,
wir sollten ihn sorgsam pflegen.
Denn er ist der Ort unseres Erwachens
und unserer Erleuchtung.

– Jataka –

ÜBUNG: Erforschen Sie heute in der Meditation systematisch achtsam Ihren Körper. Nehmen Sie dafür eine bequeme Sitzhaltung ein. Beginnen Sie mit den Füßen. Schicken Sie Ihre ganze Aufmerksamkeit wertfrei dorthin. Wandern Sie dann weiter zu den Beinen, zu Geschlecht, Becken, Bauch, Herz- und Kreislaufsystem etc. Seien Sie dabei ganz wach und achtsam.

Die Meditationspraxis in der buddhistischen Psychologie beginnt mit der Wahrnehmung des eigenen Körpers, weil uns nichts näher liegt als er. Vielleicht werden Sie mit einem kleinen Schrecken feststellen, dass Sie gar keinen rechten Bezug zu Ihrem Körper haben und es Ihnen schwerfällt, die verschiedenen Regionen während der Meditation wahrzunehmen. Machen Sie sich diesbezüglich keine Sorgen. Diese Reaktion ist ganz normal.

Die wenigsten sind mit ihrem Körper wirklich verbunden. Das hängt damit zusammen, dass wir meistens im Kopf zu Hause sind, aber den Rest nicht wirklich wahrnehmen. Erst durch Verspannungen, einen Infekt, Heuschnupfen, chronische Krankheiten oder unheilbare Erkrankungen nehmen wir unseren Rücken, Muskeln oder betroffene Organe wieder wahr. Aber eben weil der Körper so wichtig ist, sollten auch Sie ihn mit einbeziehen. Denn zu einem entspannten Leben gehört eine grundlegende Annahme der *ganzen* Persönlichkeit, und diese beinhaltet auch den Körper.

Eine wundervolle Annäherung an Ihren Körper werden Sie durch die systematische Praxis der Achtsamkeit auf Ihren Körper bezogen kennenlernen. Eine solche Achtsamkeitslenkung ist besonders wichtig in der heutigen Zeit, in der der Körper durch die virtuellen Welten immer mehr vernachlässigt wird. Sind Sie hingegen offen und achtsam für Ihren Körper und seine Bedürfnisse, dann werden Sie viel eher spüren, was er wirklich braucht. Durch Meditationen und Achtsamkeitsübungen werden Sie lernen, auf die Signale Ihres Körper zu hören und ihn als ein sensibles Frühwarnsystem zu sehen, das bei aufkommender Stressbelastung und Besorgnis bereits dann Alarm schlägt, wenn sich diese auf der äußeren Ebene noch nicht manifestiert haben. Lernen Sie die Botschaften Ihres Körpers zu lesen. Dann können Sie sich manch schwierige Beziehung ersparen, weil Ihr Körper genau weiß, wer Ihnen gut tut und wer nicht. Sie werden auch entspannter und gesünder leben, weil Sie mit den Bedürfnissen Ihres Körpers gehen und nicht konstant gegen ihn arbeiten, sondern ihn beseelen und dankbar sind für jeden Tag, an dem er Ihnen dient.

Wenn Ihnen die Übung, den eigenen Körper zu beseelen, Freude bereitet, dann können Sie diese Praxis etwas vertiefen und erforschen, wo genau in Ihrem Brust- oder Bauchraum, Hals oder Nacken ein Gefühl von Enge, Druck, Beklemmung, Ruhe, Entspannung, Anspannung vorhanden ist. Erforschen Sie Ihren Körper, aber ohne sich vollkommen darin zu verlieren. Wenn Sie etwas in Ihrem Körper bemerken, dann benennen Sie es und sagen zum Beispiel: „Da ist Ruhe." Oder „Da ist Druck". Mit der Zeit werden Sie die Ursache dieser Körperempfindungen wahrnehmen. Manchmal ist es ein Mensch, in dessen Nähe wir das Gefühl von Beklemmungen empfinden. Achten Sie dann darauf, dass Sie genügend Abstand wahren. Oder eine Umgebung löst in Ihnen ein tiefes Gefühl von körperlicher Entspannung aus. Suchen Sie solche Orte ganz bewusst und wiederholt auf.

6

Körperkarte Nr. 2

Dem Körper ein Lächeln schenken

Der Mensch muss 65 Muskeln bewegen,
um ein griesgrämiges Gesicht zu machen,
aber nur 13 Muskeln,
um zu lächeln.
Warum strapazierst du dich so?

– Asiatische Weisheit –

ÜBUNG: Unser Körper ist ein großes Geschenk. Viel zu selten danken wir ihm für das, was er leistet. Dies können Sie jetzt tun! Schließen Sie die Augen und gehen Sie zu Ihrem rechten Fuß. Verweilen Sie dort lächelnd drei Atemzüge. Lächeln Sie jedem Organ, jedem Muskel, jeder Faser zu.

Wir leben in einer Welt der Illusionen. Die Medien vermitteln uns unrealistische Schönheitsideale. Vorbilder dazu sind häufig magersüchtige junge Frauen. Andere Schönheitsideale gibt es so, wie sie abgelichtet sind nicht. Die Fotos werden von den Fotografen oder in den Redaktionen nachträglich so lange retuschiert, bis wir einen Menschen mit unnatürlichen Proportionen sehen. Was dadurch erreicht wird, ist eine latente Unzufriedenheit bei uns Konsumenten, weil wir konstant das Gefühl haben, dass wir unzulänglich, zu dick, zu klein, zu rund, zu breit oder zu schmal sind. Bei einer solchen subtilen Beeinflussung ist es natürlich nicht leicht, mit dem eigenen Körper zufrieden zu sein und ihn so zu lieben, wie er ist. Schließlich bekommen wir tagtäglich Bilder von perfekten Körpern vor Augen geführt sowie von Menschen, deren Chirurgen oder Grafiker es ihnen ermöglicht haben, einen solchen Körper zu schaffen. Unser Körper ist nicht mit ihren zu vergleichen und so kann unser Geist eine unterschwellige Abneigung entwickeln, die in eben solchen negativen Sätzen zum Ausdruck kommt. Früher hatten in erster Linie Frauen hiermit zu kämpfen, aber die Medien haben inzwischen auch die Männer ins Visier genommen und vermitteln ihnen durchgängig, so wie sie sind, nicht zu genügen.

Sollten auch Sie, wie die meisten von uns, nicht wirklich zufrieden sein mit Ihrem Aussehen, dann machen Sie sich bitte bewusst, dass die vorgegebenen Schönheitsideale nicht der Wahrheit entsprechen und die ganzen Aufnahmen in Modemagazinen retuschiert worden sind. Wenn Sie dies tun, bekommen Sie wieder einen gewissen Abstand und kommen sich selbst wieder einen Schritt näher.

Machen Sie sich immer wieder bewusst, dass sich nichts wirklich in seiner einzigartigen Schönheit entfalten kann, wenn es mit negativer Energie und destruktiven Glaubenssätzen bombardiert wird. Weder Pflanzen, noch Tiere, noch Ihr eigener Körper. Deshalb ist es so wichtig, dass Sie sich selbst mit Liebe und Mitgefühl begegnen. Selbstliebe ist, wenn sie nicht narzisstisch betrieben wird, eine spürbare Kraft. Es ist eine heilende Energie. Ja es ist sogar nachweislich, dass Sie sich besser fühlen werden, wenn Sie Ihrem Körper liebende Güte und Mitgefühl zukommen lassen. Mit etwas Übung werden Sie feststellen können, dass negative Gedanken sogar ein Gefühl von körperlicher Anspannung erzeugen, die in Folge auch den Körper negativ belastet. Schicken Sie Ihrem Körper hingegen ein Lächeln oder sprechen Sie eine positive Affirmation aus, werden Sie unmittelbar wahrnehmen können, dass Sie schneller und tiefer entspannen und auch eher ein Gefühl von Gelassenheit und innerem Frieden empfinden. Ein Lächeln für Ihren eigenen Körper, für dieses vollkommene Meisterwerk, das jeden Tag Unendliches für Sie leistet, lässt Sie aufblühen. Diese Hinwendung zu sich selbst bildet überhaupt erst die Basis dafür, dass Sie auch andere Menschen leichter lieben können. Darum: Schenken Sie Ihrem Körper, wann immer es möglich ist, ein Lächeln!

7

Körperkarte Nr. 3

Körperempfindungen wahrnehmen

Es gibt keine Pilgerstätte,
die wunderbarer und offener wäre als mein Körper,
kein Ort, der es mehr wert wäre, erkundet zu werden.

– Siddha Saraha –

ÜBUNG: Richten Sie heute in der Meditation Ihre Aufmerksamkeit auf Ihre Körperempfindungen. Konzentrieren Sie sich so lange auf Ihren Atem, bis Sie ein Gefühl wahrnehmen. Benennen Sie es, ohne sich damit zu identifizieren. Kehren Sie dann wieder zu Ihrer Atmung zurück. Wiederholen Sie den Vorgang.

Es sind Ihre Körperempfindungen, Gefühle und Gedanken, die Ihr Befinden und Erleben bestimmen. Sind Sie traurig, spüren Sie einen Kloß im Hals, und sind Sie verliebt, haben Sie Schmetterlinge im Bauch. Die buddhistische Psychologie weiß darum, wie sehr unsere Körperempfindungen, die eng an unsere Gefühle und Gedanken gekoppelt sind, uns im Griff haben können. Sie können uns in den Himmel oder in die Hölle katapultieren. Sie weiß auch, wie schwer es uns fällt, sie nur als das zu betrachten, was sie sind: Gefühle. Das gilt sowohl für die positiven als auch für die negativen Körperempfindungen. Die buddhistische Psychologie legt besonders bei der Praxis der Achtsamkeit ihren Fokus darauf, dass wir lernen, unsere Körperempfindungen, die aus unseren Gedanken und Gefühlen entstehen, bewusst wahrzunehmen und ihnen wertfrei eine entsprechende Aufmerksamkeit zu schenken. Ohne uns in sie verwickeln zu lassen. So, wie es in der großen Rede über die Achtsamkeit beschrieben wird: „Wenn ein angenehmes Gefühl im Körper auftaucht, wisse, dass dies die Erfahrung eines angenehmen Gefühls ist. Wenn ein schmerzhaftes Gefühl auftritt, wisse, dass dies die Erfahrung eines schmerzhaften Gefühls ist.“

Wenn Sie Übungen wie diese regelmäßig machen, können Sie viel über Ihr Körperempfinden und einen konstruktiven Umgang damit lernen. Durch eine Übung wie diese, bei der Sie Ihre Achtsamkeit auf die Wahrnehmung Ihrer Körperempfindungen legen, werden Sie sich Ihrem breiten Spektrum an Gefühlen bewusst werden. Vielleicht werden Sie zum ersten Mal in Ihrem Leben erleben und wahrnehmen, wie facettenreich sich Gefühle wie Freude, Wut, Angst und Entspannung in den verschiedenen Regionen Ihres Körpers bemerkbar machen. Sie werden auch lernen, einen konstruktiven Umgang mit Ihren Körperempfindungen wie Lust, Ablehnung und Anspannung zu entwickeln. Dann müssen Sie das, was sich an Körperempfindungen zeigt, nicht mehr verdrängen oder sich vollkommen davon überwältigen lassen. Wenn Sie dies durch die verschiedenen Übungen einüben, wird es Ihnen möglich, sich mehr und mehr auf Ihre Erfahrungen in Ihrem Leben einzulassen, auch wenn sie mit schwierigen Emotionen verbunden sind. Manchmal geschehen dann alleine durch die bewusste

Wahrnehmung wahre Wunder. Sie müssen sich nicht mehr von jedem Gefühl in den Bann ziehen lassen oder meinen, es ausagieren zu müssen. Dadurch reagieren Sie nicht mehr nur noch automatisch, sondern erfahren, was es heißt, die Wahl zu haben, schwierige Gefühle zuzulassen – oder auch nicht –, ohne von ihnen überrollt zu werden.

8

Körperkarte Nr. 4

Den Körper über die Zunge erfahren

Die Achtsamkeit des Körpers erlaubt uns,
unser Leben ganz zu leben.
Sie schenkt uns Heilung, Weisheit und Freiheit.

– Jack Kornfield –

ÜBUNG: Richten Sie heute beim Essen Ihre ganze Aufmerksamkeit auf Ihre Zunge. In welchem Bereich Ihrer Zunge nehmen Sie einen süßen, salzigen, bitteren oder herben Geschmack wahr? Wo genau entfalten sich exotische Gewürze, frische Kräuter und knackiges Gemüse auf Ihrer Zunge am intensivsten? Seien Sie achtsam und neugierig!

Wussten Sie, dass Ihre Zunge ein anatomisches Meisterwerk ist? Sie hilft Ihnen, die verschiedenen Geschmacksrichtungen salzig, bitter, süß und sauer wahrzunehmen und einzuordnen. Neueste Forschungen haben entdeckt, dass die Zunge auch die Geschmäcker Umami (Protein oder herzhaft), Kalzium, Fett, minzig-kühl, würzig-scharf und metallisch empfinden kann.[26] Ohne Ihre Zunge könnten Sie auch nicht essen oder trinken, weil sie den Schluckvorgang unterstützt. Ihre Zunge hat noch weitere Funktionen. Sie ist auch maßgeblich für Ihre Sprache zuständig. Fehlt Ihnen auch nur ein kleines Stück Ihrer Zunge, beginnen Sie zu lispeln.

Richten Sie Ihre Aufmerksamkeit auf Ihre Zunge, so werden Sie die Kraft der Achtsamkeit auf eine sehr intensive Weise wahrnehmen. Besonders hilfreich ist diese Übung, sollte Ihnen der Kopf wieder einmal schwirren oder diverse Ängste Ihren Geist durcheinanderwirbeln. Konzentrieren Sie sich dann vollkommen auf die sinnliche Erfahrung einer Erdbeere oder einer Rosine, holt Sie das wieder zurück in den Augenblick. Richten Sie Ihren Geist auf diese eine Sinneswahrnehmung und sind Sie mit allen Rezeptoren der Zunge ganz bei der Sache, und sei es nur die Erfahrung von köstlichem Schokoladeneis, das auf der Zunge zerschmilzt, kann dieser kurze Moment Sie öffnen und Ihnen ein ganzes Universum offenbaren. Ein Universum, das immer schon da war.

Auch im übertragenen Sinne ist die Zunge von Bedeutung. Der Spruch: „Hüte deine Zunge!" bedeutet, dass Sie achtsam sein sollen mit dem, was Sie sagen. Diese Aussage steht symbolisch für Buddhas Empfehlung, die rechte Rede walten zu lassen. Wenn Sie Achtsamkeit entwickeln und sich der vielschichtigen Bedeutung Ihrer Zunge bewusst sind, entsprechend achtsam mit ihr umgehen, erleben Sie nicht nur eine viel differenziertere Wahrnehmung der Geschmacksvielfalt, die Sie über die Zunge zum Beispiel beim Essen erleben können, sondern Sie können auch im übertragenen Sinne lernen, Ihre Zunge im Zaum zu halten und achtsamer mit Ihren Worten umzugehen.

Wenn Sie Freude daran haben, Ihrer Zunge die ganze Aufmerksamkeit zu schenken, dann könnten Sie sich auch einem anderen Sinnesorgan widmen. Haben Sie sich schon einmal ganz bewusst mit Ihrer Nase beschäftigt? Sie ist das unmittelbare Tor zum Gehirn. Wie schnell und wie unmittelbar beurteilen Sie Menschen über die Nase? Was verändert sich, wenn Sie wertfrei beobachten, was gerade passiert, wenn jemand an Ihnen vorbeiläuft, den Sie gut oder gar nicht riechen können? Welche Kaskade an Gedanken oder Gefühlen wird ausgelöst, wenn Sie etwas riechen, was Ihnen den Magen umdreht oder das Wasser auf der Zunge zusammenlaufen lässt? Die gleiche Übung lässt sich auch mit allen anderen Sinnesorganen durchführen. Auch mit den Ohren! Anstatt sich über einen Kopfhörer von der Außenwelt abzuschotten, ist es viel spannender, sich dafür zu öffnen, was uns an Geräuschen umgibt. Ein einziger Vogelgesang kann ebenfalls wie ein Tor für uns sein und uns für eine unmittelbare Erfahrung des ganzen Universums öffnen. Dann kann es passieren, dass wir und der Gesang des Vogels plötzlich eins werden und nichts mehr zwischen uns steht und wir auf dem Urgrund des Bewusstseins landen und erkennen, dass alles eins war, ist und immer sein wird.

Dritter Aspekt – Den Atem erforschen

In den Fußstapfen Buddhas und seiner Schüler: Für den Buddha stellte die bewusste Atmung eine wichtige Hilfe auf dem Weg zur Erleuchtung dar. So lehrte der Buddha seine Schüler in dem so genannten Ânâpânasati-Sutra das bewusste Ein- und Ausatmen. Dieses Sutra besteht aus sechzehn Kontemplationen, die wiederum in vier Gruppen von je vier Betrachtungen unterteilt sind. Die ersten vier Kontemplationen sind dem Gewahrsein des Atems, so wie er sich im Körper ausdrückt, gewidmet. Die nächsten vier Kontemplationen sind den Gefühlen und allem, was wir mit unseren Sinnesorganen wahrnehmen, gewidmet. Die dritte Gruppe beschäftigt sich mit dem Geist, den Bewusstseinszuständen und Emotionen, die wir hervorrufen, wenn wir uns gefühlsmäßig mit unseren Konzepten, Ideen und Vorstellungen identifizieren. Mit den letzten vier Kontemplationen geht man zur reinen Vipassana-Praxis über. Dabei werden die Gesetzmäßigkeiten betrachtet, die allen Phänomenen zugrunde liegen. Die Grundlage all dieser Betrachtungen ist einzig und alleine der Atem, der als Anker verwendet wird, und den Praktizierenden darin unterstützt, sich immer wieder mit vollem Gewahrsein in den gegenwärtigen Moment zurückzuholen.

Auch wenn dieses Sutra mehr als 2500 Jahre alt ist, so hat es bis zum heutigen Tag nichts an Gültigkeit verloren und wird auch von wichtigen zeitgenössischen spirituellen Lehrern immer wieder als eine der wichtigsten Atemübungen überhaupt beschrieben[27]. In verschiedenen buddhistischen Schulen, wie dem Theravada-Buddhismus oder im Soto-Zen, spielt der Atem früher sowie heute eine zentrale Rolle. So konzentriert man sich bei der Praxis der Samatha-Vipassana im Theravada-Buddhismus zuerst auf den Atem, um den Geist zur Ruhe zu bringen, und lässt den Atem dann als Meditationsobjekt fallen, um sein Gewahrsein für andere Aspekte zu öffnen.

Auch Thich Nhat Hanh, einer der wichtigsten spirituellen Lehrer der Gegenwart, weist immer wieder darauf hin, dass man mit Atemübungen die eigene Achtsamkeit schulen und aufrechterhalten kann. Bei seiner Arbeit mit dem Atem stützt der buddhistische Lehrer sich ebenfalls auf das Ânâpânasati-Sutra. Die einfache und doch so schwer zu befolgende Empfehlung von Thich Nhat Hanh lautet: „Sei immer achtsam, wenn du einatmest, und achtsam, wenn du ausatmest. Wenn du tief einatmest, wisse: Ich atme tief ein. Wenn du kurz einatmest, wisse: Ich atme kurz ein, und wenn du kurz ausatmest, wisse: Ich atme kurz aus."[28] Mehr als irgendein anderer spiritueller Lehrer weist der Vietnamese immer wieder darauf hin, wie wichtig es ist, den bewussten Atem in den Alltag zu integrieren. Er sieht darin das beste Mittel, um inmitten unserer täglichen Aktivitäten wach zu bleiben.

Bewusste Atmung als ein Lebensprinzip: Der Atem ist wie ein Seismograph und Anker gleichermaßen. Er hilft uns, unsere Wahrnehmung dafür zu schärfen, wann unsere Gedanken herumwandern, wann wir unruhig sind, wann wir uns langweilen, uns ärgern, traurig oder ängstlich sind. Bereits eine kurze Atemübung kann uns bewusst machen, wie es um uns steht. Deshalb ist die bewusste Arbeit mit dem Atem einer der wichtigsten Lehrer auf dem Weg zum besseren Selbstverständnis und zur Heilung von Körper, Seele und Geist. Durch den Atem können wir uns vollkommen über den Körper im gegenwärtigen Moment verankern. Er erdet uns im Hier und Jetzt. „Man kann weder rückwirkend für einen Augenblick vor fünf Minuten noch vorauseilend für einen Augenblick in fünf Minuten Luft holen", erklärt Mark William, der wissenschaftliche Wegbereiter für Stressbewältigung durch Achtsamkeit. „Atmen kann man nur im Jetzt."[29]

Ein achtsamer Umgang mit unserer Atmung unterstützt uns auf allen Ebenen und ist maßgeblich daran beteiligt, dass wir entspannter sind und gelassen werden, wie ein Buddha. Unser Körper profitiert auf folgende Weise positiv von der Atmung: Er wird mit ausreichend Sauerstoff versorgt. Dadurch verbessert sich der Stoffwechsel. Stoffwechselreste, insbesondere das Abfallprodukt der Atmung, Kohlendioxid, sowie andere Schadstoffe werden besser ausgeschieden. Bewusste Atmung, wie sie bei der Meditation oder bei Atemübungen praktiziert wird, versorgt unseren Körper besser mit Sauerstoff. Asthmapatienten erfahren dadurch eine deutliche Linderung der Symptome. Studien zeigen, dass Menschen, die meditieren, zu 73 % seltener unter Atemwegserkrankungen leiden. Die Körperhaltung verbessert sich nachhaltig, das Herz-Kreislauf-System wird reguliert, die Nerven gestärkt und die Vitalität verbessert. Die Bauchorgane werden durch bewusste Atmung massiert und die Verdauung reguliert.

Die buddhistische Psychologie nutzt die heilende Wirkung des Atems auf allen Ebenen ebenfalls und schenkt dem Atem und insbesondere dem Aspekt der Atembeobachtung und -regulierung viel Aufmerksamkeit. Das achtsame Beobachten des Atems wird hier als Schlüssel betrachtet, um den Körper wahrzunehmen und die Achtsamkeitspraxis zu beginnen. Die bewusste Wahrnehmung des Atems hilft uns auch, unsere Gedanken besser zu erforschen und unsere Gefühle wahrzunehmen. Auch hier belegen Studien Erfolge und zeigen auf, dass Menschen, die meditieren und ihre Atmung bewusst mit einbeziehen, zu 87 % weniger an psychischen Krankheitsbildern wie Angststörungen oder Depressionen leiden. Das hängt damit zusammen, dass wir in Stress-Situationen nicht mehr so schnell in die flache Panikatmung im oberen Brustbereich verfallen. Angstpatienten können ihre Attacken durch die bewusste Beobachtung ihrer selbst und durch die richtige Atmung verringern.

Persönliche Erfahrungen mit der Atmung: Als ich das erste Mal mit Atemarbeit in Kontakt kam, hatte ich das Gefühl, als würde sich mir eine andere, bisher unbekannte Welt auftun. Ich drang in mir wenig bekannte Tiefen meines Selbst vor und kam mit unbekannten Höhen des Universums in Kontakt. Obwohl ich von dem Moment an, als ich auf diese Welt kam, geatmet hatte, schien ich während der Atemsitzungen überhaupt zum ersten Mal die Kraft des Atems zu spüren und dabei gleichzeitig zu realisieren, wie eng die Verbindung zwischen Atem, Körper und Geist ist. Zum ersten Mal wurde mir klar, wie nahe ich unbewussten Aspekten meines Selbst durch einige tiefe und bewusste Atemzüge kommen konnte. Physische Blockaden wurden spürbarer als bisher, und psychische Knoten begannen sich zu lösen. Darüber hinaus kam ich mit einer feinstofflichen Ebene in Kontakt, die mir durch den Atem schneller und unmittelbarer zugänglich wurde, als ich es jemals für möglich gehalten hatte. Von dieser ersten Atemsitzung an war der Atem für mich nicht mehr nur noch ein reiner Sauerstofflieferant, sondern ein Schlüssel, der mir half, achtsamer zu werden.

In den letzten Jahren erlebte ich die Arbeit mit dem Atem noch einmal auf eine ganz neue Weise: Er half mir, mit starken Gefühlen der Angst besser umgehen zu können.[30] Der Atem half mir auch, meinen Geist im Körper zu verankern, anstatt ihn von der Angst in die Zukunft katapultieren zu lassen. Dabei orientierte ich mich immer an einer Aussage von Thich Nhat Hanh: „Wie ein Anker ein Boot vor dem Abdriften bewahrt, sorgt die bewusste Atmung dafür, dass wir uns auf den Moment konzentrieren und unser wahres Selbst nicht aus den Augen verlieren."[31]

Eine Weisheit, die Sie auf Ihr Herz legen können:

„... Atem fürwahr ist noch wichtiger als Hoffnung; denn wie die Speichen eines Rades eingefügt sind in die Nabe, so ist in den lebendigen Atem alles eingefügt. Das Leben geht vonstatten durch den Atem; der Atem gibt das Leben, gibt es, um zu leben."

Upanishaden

9

Atemkarte Nr. 1

Im Atem ankommen

Man übt sich darin:
Indem ich die Vergänglichkeit betrachte, atme ich ein.
Indem ich die Vergänglichkeit betrachte, atme ich aus.

– Ânâpânasati-Sutra –

ÜBUNG: Atmen Sie jedes Mal, wenn Sie an eine rote Ampel kommen, ganz bewusst drei Mal tief ein und aus. Entspannen Sie dabei in den Ausatem. Stellen Sie sich vor, dass Sie allen Stress, den Sie mit sich herumtragen, über den Ausatem loslassen. Verinnerlichen Sie diese Übung.

Eine Atemübung wie die Ampelübung klingt im ersten Moment vielleicht trivial, aber sie hat eine nicht zu unterschätzende Wirkung. Drei tiefe Atemzüge können Ihr Leben retten. Sie können an einem Tag, an dem Sie total gestresst sind, dafür sorgen, dass Sie innehalten und sich wieder in Ihrem Körper verankern. Sie können der Auslöser dafür sein, dass Sie sich wieder spüren, Körper und Geist wieder in Balance kommen und achtsam werden. Anders ausgedrückt können sie auch verhindern, dass Sie gedankenlos über eine rote Ampel gehen und schlimmstenfalls von einem Auto angefahren werden.

Barfuß Schritt für Schritt zu gehen, können Sie auch auf die Atmung übertragen: Achtsam Atemzug für Atemzug das Hier und Jetzt erfahren, sorgt dafür, dass Sie auf allen Ebenen entspannen. Dann bleiben Sie auch an einer roten Ampel ruhiger und in stressigen Situationen entspannter, als wenn Sie kurzatmig versuchen, alles schnell abzuwickeln. Tiefer und achtsamer Atem ermöglicht Ihnen, entspannt und gelassen zu werden wie ein Buddha.

Die Erdungsübung

Sollte Ihnen die Ampelatmung gut tun und Sie darin unterstützen, mehr im Hier und Jetzt anzukommen, dann empfiehlt sich als eine weitere Ergänzung die Erdungsübung. Diese können Sie im Sommer gut auf einer Wiese, im Wald oder am Ufer eines Flusses oder Sees durchführen. In der kalten Jahreszeit können Sie auch zu Hause auf Teppich oder Holzboden üben.

- Die Füße stehen dabei hüftbreit auseinander, die Fußspitzen zeigen nach vorne, die Knie sind leicht gebeugt und das Becken ein wenig nach vorne gekippt. Strecken Sie den Nacken ein wenig, indem Sie das Kinn zur Brust ziehen.
- Richten Sie Ihre ganze Aufmerksamkeit nun auf Ihre Fußsohlen und nehmen Sie ganz bewusst über Ihre Füße Kontakt zum Boden auf.
- Versuchen Sie, mit geschlossenen Augen und durch einige tiefe Atemzüge Kontakt zur Erde aufzunehmen und im Hier und Jetzt anzukommen. Gedanken, die um Ihre Arbeit, Ihre Kinder, Ihre Partner-

schaft oder auch um den nächsten Urlaub kreisen, nehmen Sie wahr, lassen Sie aber vorbeiziehen, wie Wolken am Himmel.

- Genießen Sie das Gefühl, dass die Erde Sie nun trägt, und versuchen Sie, alle Spannungen in den Muskeln so weit wie möglich loszulassen.
- Stellen Sie sich beim Einatmen vor, wie Sie die Energie der Erde aufnehmen. Stellen Sie sich vor, wie die heilende Kraft der Erde durch Ihre Füße langsam an den Beinen entlang Ihren ganzen Körper durchströmt. Atmen Sie nun vollständig aus und geben Sie alles Alte, Dunkle und Schwere an die Erde ab.
- Wiederholen Sie den Zyklus acht- bis zehnmal.

10

Atemkarte Nr. 2

Die eigene Mitte durch den Atem finden

Einem entspannten Körper
folgt ein entspannter Atem.
Einem entspannten Atem
folgt ein entspannter Geist.

– Anna Elisabeth Röcker –

ÜBUNG: Setzen Sie sich aufrecht hin, die Aufmerksamkeit auf den Atem gerichtet. Die Hände ruhen locker auf den Oberschenkeln. Begleiten Sie den Atem mit einer sanften Bewegung Ihrer Hände: einatmend zeigen die Handflächen nach oben. Tief ausatmend drehen Sie sie nach unten. Üben Sie so einige Minuten.

Wenn Sie sich durch eine Übung wie diese die Zeit nehmen, bewusst mit Ihrem Atem zu arbeiten, entspannt sich Ihr ganzes System. Dadurch vermeiden Sie, dass Sie durch eine Krankheit dazu gezwungen werden, innezuhalten. Eine achtsame Atmung hat unweigerlich eine bewusste Entspannung zur Folge. Dadurch wird der parasympathische Teil Ihres vegetativen Nervensystems aktiviert und gestärkt. Das ist sozusagen der Gegenpol zum Sympathikus. Durch die Aktivierung des Parasympathikus kommt es wiederum zu einer besseren Blutversorgung im Gehirn und im

Herzen. Die Muskeln entspannen, wodurch eine bessere Blutversorgung der inneren Organe und der Drüsen gewährleistet wird, was deren Arbeit erleichtert. Entspannung wirkt sich auch positiv auf die Verdauung aus, wodurch die Ausscheidungstätigkeit verbessert wird, weil Sie dann auf allen Ebenen loslassen.

Atmen Sie in Stresssituationen tief ein und aus, statt schnell und kurzatmig zu reagieren. So können Sie nicht nur dem Stress entgegenwirken, sondern Sie lernen, sich selbst zu beruhigen und das, was zu tun ist, in Ruhe durchzuführen. Damit vermeiden Sie, Fehler zu machen, die Sie später dazu zwingen, etwas vielleicht noch einmal neu zu machen oder zu verbessern.

Praktizieren Sie diese Übung ruhig regelmäßig. Die tägliche Fahrt zur Arbeit in der U-Bahn bietet sich genauso an wie ein paar Minuten in der Mittagspause. Sie werden merken, dass Sie alleine schon dadurch, dass Sie sich auf Ihre eigene Körpermitte konzentrieren, mehr emotionale Stabilität erlangen werden.

Die Wirkung des bewussten Atems auf den verschiedenen Ebenen

Nehmen Sie sich immer wieder ein paar Minuten Zeit, um sich der umfassenden Wirkung der Atmung bewusst zu werden. Das wird Sie darin unterstützen, dranzubleiben.

Körperlich:

- Stärkung des Parasympathikus
- Verbesserung der Blutversorgung im Gehirn, Herzen und den inneren Organen
- Verbesserung der Drüsen- und Ausscheidungstätigkeit

Emotional:

- Abbau von Ängsten
- Stabilisierung der Emotionen
- Fluss der positiven Gefühle wird gefördert

Spirituell:

- Aktivierung der rechten Gehirnhälfte
- Erweiterung des Bewusstseins
- Klarheit des Geistes und der Wahrnehmung

11

Atemkarte Nr. 3

Sich über den Atem mit der Erde verwurzeln

Der reine Atem aber
geht tief und schwer,
der unreine Atem
ist flach
und sitzt in der Kehle.

– Tschuang Tsea –

ÜBUNG: Wenn Sie an der Kasse stehen, an der Bushaltestelle warten oder noch besser in der Natur sind, nehmen Sie über die Füße ganz bewusst die Verbindung zum Boden wahr. Atmen Sie die Kraft der Erde durch die Füße ein und atmen Sie achtsam verbrauchte Energie, Wut, Angst und Stress durch die Füße aus.

Als Buddha nach der Erleuchtung suchte, verbrachte er einige Jahre nackt im Wald, so wie es damals unter den Mönchen üblich war. Während dieser Zeit lebte er im unmittelbaren Kontakt mit der Natur. Nichts trennte ihn davon. Während dieser Zeit wurde ihm die Verbundenheit mit allem immer unmittelbarer bewusst. Ebenso realisierte er, wie wichtig ein achtsamer und respektvoller Umgang mit *allen* Wesen auch der Erde ist. Auch zeitgenössische buddhistische Leitbilder wie der Dalai Lama ermahnen uns zu einem ökologischen Bewusstsein. Spiritualität findet für ihn nicht nur auf dem Meditationskissen statt, sondern durch einen bewussten achtsamen Umgang mit der Natur. Kleine Atemübungen wie das Einatmen der Kraft durch die Erde kann unsere Achtsamkeit weit werden lassen. Ein einziger achtsamer Atemzug kann dazu führen, dass wir die Erde unmittelbar erfahren.

Wie ist Ihr Bezug zur Natur? Sind Sie sich bewusst, dass alles voneinander abhängig ist und wir alle miteinander verbunden sind? Vielleicht befindet sich in Ihrer Nähe ein Park oder ein kleiner Wald, in den Sie ab und zu gehen können, um die Atemübung dort durchzuführen. Dabei werden Sie wahrscheinlich eine unmittelbarere Verbindung mit der Erde wahrnehmen können, als wenn Sie an einer Bushaltestelle mitten in der Stadt stehen.

Sollte Ihnen das Atmen in der Natur Freude bereiten, können Sie diese Übung noch etwas vertiefen. Vielleicht steht in Ihrer Umgebung ein Baum, zu dem Sie bereits eine enge Beziehung haben oder zu dem Sie eine solche aufbauen möchten. Probieren Sie aus, wie es ist, unter einem solchen Baum zu meditieren oder mit einem solchen Baum zu atmen. Buddha selbst erlebte unter einem Baum die vollkommene Erleuchtung. Vielleicht finden auch Sie unter einem Baum tiefe Einsichten über die Verbindung zwischen allem. Eine solche Erfahrung führt in Folge zu einem ganz anderen Umgang mit der Natur. Dann erkennen wir, dass es ein ähnlicher Schatz ist wie unser eigener Körper.

12

Atemkarte Nr. 4

Den Atem als Anker nutzen

Ich atme ein und weiß,
dass Wut mich hässlich macht.
Ich atme aus
und will nicht verzerrt werden durch Wut.

– Thich Nhat Hanh –

ÜBUNG: Richten Sie heute in der Meditation den Fokus auf Ihren Atem. Lassen Sie Ihren Atem allmählich ruhiger und fließender werden. Atmen Sie dann tief ein, wenn möglich bis in Ihr Becken. Dann atmen Sie wieder aus. Machen Sie Ihren Atem zu einem Anker für Ihre Gedanken.

Wenn Sie beginnen, regelmäßig mit Ihrem Atem zu arbeiten, und erkennen, dass er ein wertvollen Werkzeug darstellt, werden Sie vielleicht zum ersten Mal in Ihrem Leben bemerken, wie unruhig Ihr Geist ist und wie unaufmerksam auch Sie durchs Leben hasten, wenn Sie Ihren Geist nicht über den Atem kontrollieren. Vielleicht erkennen Sie jetzt zum ersten Mal, dass permanent allerlei Gedanken, Fantasien und Gefühle in Ihnen aufsteigen. Kontinuierlich denken Sie und sind wahrscheinlich – wie die meisten – mit Ihren Gedanken in der Vergangenheit oder in der Zukunft. Dabei trauern Sie vielleicht Situationen nach oder ärgern sich über verpasste Gelegenheiten. Oder Sie schmieden Pläne und überlegen sich zukünftige Aktivitäten. Vielleicht merken Sie zum ersten Mal, wie Aufmerksamkeit immer wieder für den gegenwärtigen Moment verloren geht. Wahrscheinlich werden Sie mit zunehmender Erfahrung erkennen, dass Sie vordergründig äußere Dinge beschäftigen, aber es letztendlich Sie selbst sind, die immer wieder neue Gedanken produzieren und niemals richtig abschalten können. Sie werden bemerken, dass Sie ständig denken, werten, analysieren und sich selbst beurteilen, genauso wie Ihre Mitmenschen, Situationen und Umstände.

Der Atem, als Anker eingesetzt, kann Ihnen dabei helfen, mehr im Hier und Jetzt zu sein und sich nicht in angstvollen Geschichten, Furcht einflößenden Fantasien zu verlieren. Mit etwas Übung kann er Sie darin unterstützen, alle Gedanken, die in Ihnen aufsteigen, ohne Vorurteil und ohne Bewertung zu beobachten, sie wahrzunehmen, ohne an ihnen zu haften. Oftmals kommt ein Gedanke auf und Sie beschäftigen sich mit ihm, ohne es zu merken. Beziehen Sie sich hingegen immer wieder auf Ihren Atem, kommen Sie immer wieder zurück in Ihren Körper und den gegenwärtigen Moment. Dadurch lernen Sie, die Körperempfindungen, Gedanken und Gefühle, die permanent durch Sinneswahrnehmungen aufsteigen, weiterziehen zu lassen.

Wenn Ihnen die Arbeit mit dem Atem Freude bereitet und Sie darin unterstützt, wieder achtsamer zu werden, dann empfiehlt sich zur Abwechslung die folgende Übung. Sie wird Sie schnell in den gegenwärtigen Moment zurückholen, Ihre Konzentrationsfähigkeit stärken und Sie dadurch wieder ganz achtsam für das sein lassen, was Sie als nächstes tun müssen.

Heißes Wasser blasen

Nehmen Sie eine Tasse mit Tee, Kaffee oder heißem Wasser in die rechte Hand. Spitzen Sie nun die Lippen wie zum Pfeifen. Atmen Sie ganz achtsam durch die Nase ein und durch die gespitzten Lippen wieder aus. Stellen Sie sich vor, dass Sie das heiße Getränk durch das lange Ausatmen abkühlen. Wiederholen Sie die Übung einige Male, bis Sie merken, dass Sie wieder klarer im Kopf sind und sich wieder besser auf das konzentrieren können, was gerade zu tun ist.[32]

Vierter Aspekt: Die eigenen Gedanken erkennen

In den Fußstapfen Buddhas und seiner Schüler: Das Dhammapada ist eine Sammlung von 423 Versen, die die authentischen Lehren Buddhas enthalten. Darin geht Buddha unter anderem auf den Geist und die Wirkung der Gedanken ein: „(1) Alle Dinge entstehen im Geist. Sie sind unseres mächtigen Geistes Schöpfung. Rede mit unreinem Geist. Handle mit unreinem Geist und Leiden wird dir folgen, so wie das Rad dem Fuß folgt, der den Wagen zieht. (2) Rede mit reinem Geist, handle mit reinem Geist und Glück wird dir folgen, wie der Schatten dem Körper folgt und nicht weicht."

Buddha wusste wie wohl kaum ein anderer Mensch aus eigener Erfahrung, was es in seiner Tiefe und Komplexität bedeutet, dass wir mit unseren Gedanken unsere Welt erschaffen. Deshalb war es ihm ein großes Anliegen, die eigenen Geisteszustände zu erkennen und zu verändern, als auch die Identifikation mit ihnen zu durchbrechen. Auch seine Nachfolger wissen um die Wirkung der Gedanken und deshalb ist die Arbeit mit ihnen und die Veränderung der eigenen Gedanken das zentrale Arbeitsfeld für Buddhisten und buddhistisch orientierte Psychologen. Mit Hilfe der verschiedenen buddhistischen Praktiken, die zum Teil auf Buddha zurückgehen und zum Teil auf die Menschen im Westen angepasst wurden, versucht man, sich nach und nach für positive Geisteszustände zu öffnen: für geistige Klarheit, Glück, innere Zufriedenheit, Gleichmut und heitere Gelassenheit. Gleichzeitig ist man bemüht, alle negativen Emotionen und jede Form der geistigen Verblendung zu überwinden und vollkommene Freiheit zu erlangen: „So wie der große Ozean nur einen Geschmack hat, den Geschmack von Salz“, postulierte Buddha, „so hat meine Lehre nur einen Geschmack, den Geschmack von Freiheit.“ Diese Freiheit zu erlangen, ist laut Buddha möglich, auch wenn es ein langer Weg ist. Aber wenn wir auf unsere Gedanken achten und sie wandeln, kann es uns gelingen. Dazu braucht es wenig: die Achtsamkeit und die Geduld. Immer wieder neu. Jeden Tag. Gedanke für Gedanke.

Bewusste Gedankenbeobachtung als Lebensprinzip: Ein überaktiver Geist ist ein typisches Phänomen unserer heutigen Zeit. Bei der Informationsflut, der wir tagtäglich durch das Internet, die Printmedien, Radio und Fernsehen ausgeliefert sind, ist diese Entwicklung auch kein Wunder. In immer kürzerer Zeit müssen wir komprimiertes Wissen verarbeiten, neue Reize aufnehmen und immer häufiger unter massivem Zeitdruck höchste Leistung bringen. Während unser Körper unter dieser konstanten Überlastung früher oder später aufgibt, wird unser Geist immer noch aktiver. Aber selbst wenn mal keine neuen Reize von außen auf uns einströmen, ist deswegen noch lange nicht Ruhe im Kopf. Dann kreisen unsere Gedanken lautstark um vergangene oder zukünftige Gespräche, verpasste Gelegenheiten, um ausstehende Termine, zukünftige Vorhaben und geheime Wünsche. Wird es unter unserer Schädeldecke vor lauter Grübeln und Denken zu laut, schalten wir vor lauter Verzweiflung das Radio oder Fernsehen ein, um den Krach im eigenen Kopf zu übertönen. „Wer hat nicht schon den

Fernseher eingeschaltet, um endlich Ruhe vor immer wiederkehrenden Gedanken zu haben?“, fragt der Psychologe Andreas Knuf. „Vielleicht sind iPad und Co womöglich vor allem deshalb so beliebt, weil sich der Lärm in unseren Köpfen durch Musik, Podcast und Hörspiel übertönen lässt?“[33]

Geben wir den meist negativen, angstvollen, neidischen, nachtragenden und pessimistischen Gedanken in unserem Kopf den entsprechenden Raum, sorgen sie nicht nur kurzfristig für Kopfschmerzen, sondern beeinflussen auch langfristig unsere Gemütslage. All die lästigen Gedanken, also das ständige Nachdenken über ein und dasselbe, wirken sich – wenn wir sie nicht stoppen – anhaltend als psychische und gesundheitliche Probleme wie etwa Schlafstörungen, Depressionen und Burnout auf uns aus. Natürlich wird es nicht funktionieren, wenn wir all unsere Zweifel, Sorgen, Ängste, schwierigen und schmerzvollen Gedanken negieren, verdrängen, überhören oder mit äußeren Reizen übertönen. Denn, so weiß die Meditationslehrerin Sharon Salzberg, allem, dem wir unsere Aufmerksamkeit verweigern, zieht sich in unser Unterbewusstsein zurück und kann unser Leben von dort aus beeinflussen.[34] Aber es hat auch keinen Sinn, wenn wir versuchen, keine Gedanken mehr zu produzieren. Das ist einfach nicht möglich, weil es die Natur des Geistes ist, solche zu produzieren. Sind wir aber bereit, unsere negativen Gedanken erst einmal bewusst wahrzunehmen, zu reflektieren und ihre Ursachen zu untersuchen, können wir sie dann auch verändern. Das wiederum kann und wird unser Leben ändern. Denn wir haben die Wahl und können uns selbst die Frage stellen, die Louise Hay einer Journalistin stellte: „Wollen Sie lieber in einem Meer aus Negativität ertrinken oder auf einem

Ozean der Möglichkeiten treiben?"[35] Eine Veränderung in unserem Geist und damit in Folge in unseren Gedanken ist zum Beispiel möglich durch die Rezitation eines Mantras oder die Wiederholung einer Weisheit, so wie sie auf den Karten zu lesen sind. Sie öffnen unserem Geist die Türen auf dem Weg zur Veränderung. Gleichzeitig sollten wir solche Worte und Sätze meiden, die negative Gefühle nach sich ziehen. Der Dalai Lama sagte einmal, dass im Grunde genommen jeder Gedanke, jedes Wort und jeder Satz ein Mantra ist. All unsere inneren Monologe, unsere inneren Selbstgespräche sind ein ununterbrochener Fluss an Mantren. Die meisten davon sind aber leider negativ. Es reicht jedoch nicht, ein Mantra oder eine Weisheit nur zu rezitieren. Wir müssen an sie glauben, sie leben, hinter ihnen stehen. Ohne echte Überzeugung sind solch positive Gedanken nur eine leere Floskel. Wenn wir uns sagen: „Ich liebe mich" und dabei denken: „Was für ein Blödsinn" oder „Ich bin nicht liebenswert", dann hat eine solche Übung wenig Sinn, oder sie kann sogar eher negative Wirkungen haben. Deshalb können wir solche Übungen nur machen, wenn wir achtsam sind und beobachten, ob es für uns überhaupt stimmig ist. Ist es dies nicht, sollten wir natürlich untersuchen, warum es uns nicht möglich ist.

Achtsam beobachten sollten wir auch, wie sich eine solche Übung auf uns auswirkt. Denn eine Studie aus Kanada hat vor kurzem herausgefunden, dass nicht jeder mit solchen positiven Glaubenssätzen umgehen kann. Diese Studie ergab, dass sich Sätze wie „Ich bin ein liebenswerter Mensch" negativ auf das Befinden solcher Versuchsperson auswirkten, die sich selbst gegenüber sehr kritisch sind. Wer bereits überzeugt ist von sich selbst und sich für liebenswert hält, dem tat dieser Satz gut. Aber denjenigen, die sowieso an sich zweifelten, ging es danach sogar noch schlechter. Offenbar aktivierte dieser gute gemeinte positive Aussage bei denjenigen, die sich immer kritisieren, Erinnerungen an Situationen, in denen sie sich selbst nicht als empathisch oder liebenswert erlebt hatten.[36]

Eine andere Möglichkeit, einen heilvollen Umgang mit den eigenen Gedanken zu lernen, ist, entsprechend mit ihnen umzugehen. Das heißt, dass es dabei dann nicht mehr darum geht, was wir denken, sondern eher wie wir diese Gedanken beurteilen. Ein Gedanke ist schließlich nicht mehr als ein Gedanke – egal ob positiv oder negativ. Es kommt ganz alleine darauf an, was wir aus ihm machen, welche Geschichte wir um diesen Gedanken spinnen und für wie real wir diesen Gedanken halten, der mit Abstand betrachtet einfach nur ein Gedanke bleibt. Dies ist leichter gesagt als getan, denn besonders dann, wenn auch noch starke Gefühle im Spiel sind, haben wir die Tendenz, selbst die irrationalsten Gedanken für real zu halten. Erst wenn wir erkennen, dass Gedanken nie mehr sind, als sie selbst, sind wir in der Lage, unseren Geist dahingehend zu schulen, unsere Gedanken als solche zu erkennen und sie dann entweder zu nutzen oder ziehen zu lassen. Gelingt es uns, mit etwas Abstand wahrzunehmen, dass wir gerade einen Gedanken haben, dann können wir uns bewusst dafür entscheiden, ob wir ihn für wahr halten und ihm weiter folgen und eine Geschichte darum entwickeln möchten oder nicht. Es ist etwas vollkommen anderes, ob wir sagen: „Ich bin ein Versager“ oder „Ich habe den Gedanken, dass ich ein Versager bin“. Oder ob wir sagen: „Ich habe Angst“ oder „Ich habe den Gedanken, dass ich Angst habe“.

Durch diese Distanz zwischen uns und dem Gedanken und seinen Inhalten können wir den sogenannten inneren Beobachter entwickeln. Nur mit seiner Hilfe gelingt es uns, in Buddhas Fußstapfen zu treten. Ohne ihn würden unsere Gedankenprozesse nämlich vollkommen unkontrolliert ablaufen. Durch ihn können wir auch ins Hier und Jetzt kommen – und vor allen Dingen bleiben. Heute bestätigen auch hier immer mehr Untersuchungen, warum es so wichtig ist, im Hier und Jetzt zu bleiben. Eine leicht gedrückte Stimmung, wie sie bei jedem Menschen vorkommen kann, endet möglicherweise in einer negativen Endlosschleife, wenn sie konstantes Grübeln und sich wiederholende Gedanken in Gang setzt. Dann leiden wir nämlich nicht mehr nur noch darunter, dass gerade ein grauer Tag ist, sondern wir verallgemeinern und denken daran, wann es uns in der Vergangenheit so schlecht ging und wie schlecht das Leben es mit uns meint und dass die Zukunft wahrscheinlich auch nicht besser wird. Wird diese Gedankenschleife nicht gestoppt, kann dies ein Gefühl des Kontrollverlustes bewirken, und wenn wir nicht aufpassen, wird eine bestimmter Hirnstoffwechselprozess in Gang gesetzt, der im schlimmsten Fall sogar in eine Depression führen kann. Gelingt es uns hingegen mit Hilfe der Achtsamkeit und der bewussten Wahrnehmung der eigenen Gedanken, bei der momentanen Stimmung zu bleiben, dann wird das negative Endlosband der Gedanken durchschnitten und die Gefahr, in eine Depression zu rauschen, ist gebannt. Wenn – besonders – pessimistische Menschen lernen, achtsam in der Gegenwart zu bleiben und ihre Gedanken wahrzunehmen, sie als solche zu erkennen und – so wie es von der buddhistischen Psychologie empfohlen wird – sie zu benennen, dann halbiert sich das Risiko für die Zukunft schwarz zu sehen oder in eine Depression zu geraten. Aber auch Optimisten und geistige Frohnaturen profitieren davon, zu erkennen, dass all ihre Gedanken – auch wenn sie noch so grandios, fröhlich oder einzigartig sind – nicht mehr sind als nur Gedanken. Nicht umsonst empfahl der Buddha bereits vor 2500 Jahren, *allen* Menschen eine fortwährende Übung in der Wahrnehmung der eigenen Gedankenströme. Denn nur dann, dies fügen seine Nachfolger mit neurologischem Fachwissen hinzu, lernt das Gehirn, automatisch Gedanken zu erkennen und ihnen ihre zerstörerische oder berauschende Kraft zu nehmen. Und nur so lernen wir, achtsam zu werden und entspannt und gelassen mit den Gedanken in unserem Kopf umzugehen. Egal, wie laut sie sind.

Persönliche Erfahrungen mit den Gedanken: Viele Jahre lang war die Meditation für mich in erster Linie eine Methode, um mich zu entspannen und zur Ruhe zu kommen. Erst im Rahmen meiner Angsterkrankung bekam das Bewusstwerden der eigenen Gedanken in meiner täglichen Praxis noch einmal eine ganz andere Bedeutung für mich. Zum ersten Mal nämlich begann ich, mich tiefgehend mit meinen Gedanken zu beschäftigen und sie in der Meditation zu verändern. Hierbei half mir besonders die Aussage vom Dalai Lama, der sagte, dass niemals zwei Gedanken zur gleichen Zeit nebeneinander existieren können. Das bedeutete, dass Angst *und* Freude oder Angst *und* Mut niemals gleichzeitig im Bewusstsein vorhanden sein können. Diese Information half mir sehr, denn dadurch gelang es mir, während meiner Sitzmeditation destruktive und angsteinflößende Gedanken zu stoppen. Dies erforderte meine ganze Aufmerksamkeit und tut es auch heute noch. Es gelang mir natürlich nicht immer und tut es auch heute nicht. Aber wann immer ich es schaffe, eine Distanz zwischen meine Gedanken und mich zu bringen, dann erkenne ich, dass Gedanken ebenso wie Gefühle und Körperempfindungen ihrer Natur nach flüchtig sind und dass ich sie alleine durch das achtsame Wahrnehmen und das Benennen unterbrechen und im besten Fall sogar stoppen kann. Alleine dieser Gedanke vermittelt mir ein Gefühl von Freiheit und die Zuversicht, dass ich mich langfristig aus dem Klammergriff aller Gedanken befreien kann. Egal wie negativ, unproduktiv oder destruktiv sie sein mögen.

Eine Weisheit, die Sie auf Ihr Herz legen können:

„Ihr habt so viele Ansichten und Meinungen darüber, was gut und schlecht ist, richtig und falsch, darüber, wie die Dinge sein sollten. Ihr hängt an euren Ansichten und leidet unendlich. Doch eigentlich sind es nur Ansichten, wisst ihr!"

Ajahn Chah

13

Gedankenkarte Nr. 1

Gedanken wahrnehmen

Wir sind, was wir denken.
Alles, was wir sind, entsteht mit unseren Gedanken.
Mit unseren Gedanken machen wir die Welt.

– Buddha –

ÜBUNG: Entscheiden Sie sich heute für einen achtsamen und bewussten Umgang mit Ihren Gedanken. Sobald Sie Ihre Gedanken bewusst wahrnehmen, sagen Sie „Denken. Denken. Denken." Beobachten Sie, was passiert, wenn Sie diese drei Worte wiederholen.

Sie werden vielleicht nicht jeden Tag Zeit finden, Ihren Gedanken während einer 20 bis 30-minütigen Meditation auf die Schliche zu kommen. An solchen Tagen ist es aber trotzdem sinnvoll, darauf zu achten, dass negative neidvolle, eifersüchtige, destruktive oder einschränkende Gedanken die Sicht auf das Leben verstellen. Mit zunehmender Praxis werden Sie dann nämlich feststellen, dass es blitzschnell passiert, dass Sie sich schon wieder vollkommen mit Ihren Gedankeninhalten identifiziert haben.

Durch diese Übung werden Sie lernen zu erkennen, wie viel Sie denken, was Sie denken und wie Sie lernen, sich nicht konstant mit Ihren Gedanken zu identifizieren. Dazu ist das Benennen der eigenen Gedanken ein erster hilfreicher Schritt. Dadurch können Sie lernen, eine neue Beziehung zu Ihren eigenen Gedanken aufzubauen. Erst dann, wenn Sie die destruktiven, krankmachenden, hemmenden und urteilenden Gedanken erkennen, können Sie diese stoppen. Diese Praxis hat übrigens nicht zum Ziel, dass Sie aufhören zu denken oder es in Ihrem Kopf vollkommen still wird. Sie hilft Ihnen vielmehr dabei, zu erkennen, was Sie gerade denken. Diese Erkenntnis kann mit zunehmender Praxis sehr hilfreich sein, weil wir dadurch mehr und mehr wahrnehmen, wie sehr unsere subjektive Wahrnehmung und unsere Sicht auf die Welt von unseren Gedanken – und natürlich auch von unseren Gefühlen – geprägt wird. Welche Gedanken in unserem Geist aufsteigen, können wir nicht beeinflussen.

Gedanken genauer benennen

Sollten Sie die Übung vertiefen wollen und wenn Sie bereits etwas geübter in der Wahrnehmung Ihrer Gedanken sind, können Sie diese auch differenzierter benennen, wie zum Beispiel „grübeln, grübeln“ oder „ärgern, ärgern“. Verlieren Ihre Gedanken wieder an Wirkung, gehen Sie mit Ihrer Aufmerksamkeit zurück zur Atmung, bis der nächste Gedanke auftaucht. Nehmen Sie sich hierfür mindestens 20 Minuten Zeit.

14

Gedankenkarte Nr. 2

Eine wertschätzende Geisteshaltung entwickeln

Der Geist ist alles;
Was Du denkst, das wirst Du.

– Buddha –

ÜBUNG: Zwei entgegengesetzte Zustände wie Angst und Mitgefühl können nicht zur gleichen Zeit in unserem Geist existieren. Wenn Sie zum Beispiel gestresst sind, Wut empfinden oder Angst haben, versuchen Sie, ganz bewusst eine wohlwollende, positive, optimistische oder freundliche Geisteshaltung zu entwickeln. Achten Sie deshalb ganz bewusst auf Ihre Gedanken!

Ist auch Ihre Aufmerksamkeit normalerweise auf negative Dinge gerichtet? Ärgern auch Sie sich, wenn die Bahn fünf Minuten zu spät kommt? Murren auch Sie, wenn im Supermarkt fünf Menschen vor Ihnen in der Schlange stehen? Sind auch Sie sauer, wenn das Brot im Geschäft nicht ganz frisch ist? Reagieren auch Sie verstimmt, wenn die bestellten Waren nicht innerhalb von 24 Stunden mit der Post ins Haus kommen? Halten auch Sie das Beste für selbstverständlich? Normalerweise jammern die meisten von uns auf sehr hohem Niveau und vergessen dabei, dass ein gesunder Körper, eine glückliche Beziehung, ein gesicherter

Arbeitsplatz nicht selbstverständlich sind. Leider erfahren viele Menschen am eigenen Leib, dass sich ein glücklich gewähntes Leben innerhalb weniger Minuten vollkommen verändern kann und nichts mehr so ist, wie es war.

Machen Sie sich bewusst, dass kein Mensch weiß, was der nächste Moment bringen wird, und dass nichts auf der Welt selbstverständlich ist. Mit dieser Achtsamkeit werden Ihre Gedanken nicht mehr so unbewusst sein. In Folge werden Sie dem Leben automatisch mit viel mehr Respekt und Wertschätzung begegnen.

Die Übung der wertschätzenden Gedanken kann Ihnen dabei helfen, den Blick auf das Positive zu richten und sich an dem zu erfreuen, was das Leben Ihnen in seiner Fülle offenbaren möchte. Sie brauchen gar nicht weit zu schauen, um mit der Wertschätzung zu beginnen: ein Dach über dem Kopf, ein voller Kühlschrank, ein gesunder Körper. Menschen, die Sie lieben. Bücher, die Sie gerne lesen. Ein guter Arzt, ein verantwortungsvoller Automechaniker, ein freundlicher Hausmeister. Wenn Sie sich nur ein wenig Zeit nehmen, können Sie feststellen, wie viele Kleinigkeiten es gibt, die Sie wertschätzen können: fließend heißes Wasser, Strom, ein funktionierendes Telefon, eine heiße Tasse Kaffee oder ein frisches Brötchen. Aber es gibt auch Abwesenheit von Dingen, die Sie für selbstverständlich halten. Wenn Sie dem jedoch Aufmerksamkeit schenken, und wertschätzen, dass sie nicht da sind, werden Sie sich noch einmal glücklicher fühlen: die Abwesenheit von Krieg, Krankheiten oder Tod. Meist wissen wir erst zu schätzen, wenn wir ihr Vorhandensein nicht erlitten haben.

15

Gedankenkarte Nr. 3

Negative Gedanken loslassen

Der Großteil unseres Leidens rührt daher,
dass wir zu viele Gedanken hegen.

– Dalai Lama –

ÜBUNG: Der beste Moment, negative Gedanken loszulassen, ist genau jetzt! In diesem Moment. Sobald Sie merken, dass Sie in einer negativen Gedankenschleife hängen, sagen Sie sich: Negative Gedanken mir selbst, anderen oder dem Leben gegenüber behindern mich nicht länger. Ich wähle meine Gedanken mit Bedacht und Achtsamkeit.

Als Menschen haben wir die Tendenz, dem Negativen viel mehr Gewicht zu geben als dem Positiven. Das Gleiche gilt für unsere Abneigungen. Ihnen schenken wir in unseren Gedanken, Gefühlen und Körperempfindungen viel mehr Platz und Aufmerksamkeit als den Dingen, die wir lieben oder die uns gut tun. Vielleicht fällt Ihnen morgens, wenn der Wecker klingelt, als Erstes eine lästige Pflicht ein, die Sie an diesem Tag erledigen müssen. Oder Sie nehmen sofort wahr, dass der Himmel bewölkt ist, das Kind in der Nachbarwohnung schreit oder das Lied, das im Radio läuft, Ihnen nicht gefällt. Wie sehr Ihre Laune und Ihre emotionalen Empfindungen von Ihren Abneigungen geprägt werden, ist Ihnen – wie den meisten Menschen – wahrscheinlich gar nicht bewusst. Erst wenn Sie anfangen, Ihr Augenmerk darauf zu richten, werden Sie wahrscheinlich realisieren, dass Sie manchen Dingen oder Menschen gegenüber eine grundlegende negative Einstellung haben. Es kann ziemlich erschreckend sein, wie unreflektiert wir Menschen, Umstände und oft auch das Leben selbst ablehnen. Sich dessen bewusst zu werden, spielt in der buddhistischen Psychologie eine wichtige Rolle. Denn hier wird die Abneigung als eines der drei Geistesgifte betrachtet. Die anderen beiden sind Gier und Unwissenheit. Sie werden deshalb als Gifte bezeichnet, weil sie uns auf allen Ebenen so sehr schaden können wie ein Gift, das körperliche Schmerzen und emotionales Unwohlsein verursacht. Sie können aber auch so schädlich wirken, dass sie sich sogar auch schädlich auf unsere Mitmenschen und auf unsere Umgebung auswirken.

Abneigung wird im Buddhismus auch als die verborgene Quelle von Aggression und Zorn betrachtet. Sie entsteht aus der falschen Vorstellung, dass wir glücklich wären, wenn wir eine Sache, einen Menschen oder einen Umstand aus unserem Leben entfernen könnten. Sind wir aber tatsächlich in der Lage, dieses Etwas aus unserem Leben zu verbannen, taucht meist unmittelbar etwas Neues, Anderes auf, was uns stört. Es ist die Tendenz des Geistes, den Fokus auf das zu richten, was wir ablehnen. Kommt Ihnen das bekannt vor? Es ist wichtig, dass Sie diese Tendenz bemerken. Erst dann werden Sie in der Lage sein, inneren Frieden zu schaffen. Erst dann werden Sie merken, dass es gar nicht darauf ankommt, äußere Dinge zu verändern, sondern in sich selbst zur Ruhe zu kommen. Die Praxis der Achtsamkeit wird Ihnen helfen, Ihren eigenen Geist zu schulen und zu erkennen, wann Sie wieder Abneigung entwickeln. Die Achtsamkeit fordert Sie auf, in allem die Vollkommenheit zu sehen, und sie verlangt von Ihnen, sich Ihrer Abneigung bewusst zu werden und ihr mit Achtsamkeit, Wertschätzung und Mitgefühl zu begegnen. Sie können andere Menschen und das Leben nicht ändern. Was Sie ändern können, sind Sie selbst und Ihre Gedanken.

16

Gedankenkarte Nr. 4

Zum Inneren Beobachter werden

Es ist sehr wichtig,
stets seinen Geist zu beobachten,
um nicht in den Würgegriff von Gier und
anderen störenden Gefühlen zu geraten.

– Dalai Lama –

ÜBUNG: Nehmen Sie sich heute Zeit für eine Atemmeditation. Wenn währenddessen Gedanken auftauchen, dann nehmen Sie Ihnen gegenüber bewusst die Rolle des neutralen Beobachters ein, ohne sich mit ihnen zu identifizieren oder sich in Geschichten verwickeln zu lassen. Betrachten Sie all Ihre Gedanken aus einer wertfreien Perspektive.

Wenn wir uns die Frage „Wer bin ich?" stellen, antworten wir mit: Ich bin Ruth! Ich bin eine Mutter! Oder wir identifizieren uns mit unseren Eigenschaften wie: Ich bin stark, ehrgeizig, zufrieden, launisch, suchend oder verspielt. Wenn wir uns aber auf die Suche machen nach diesem „Ich", finden wir es nicht. Fragen wir uns dann weiter: Wer nimmt dieses Ich wahr?, erkennen wir, dass es noch etwas gibt, was neben diesem „Ich" existiert. Dies ist das Gewahrsein, das alles wertfrei wahrnimmt. Etwas, das auch gerne als der Innere Beobachter bezeichnet wird. Es ist das

Ich, das uns und unsere Handlungen, aber auch unsere Sicht auf die Welt färbt.

Versuchen Sie doch einmal, sich vorzustellen, dass es neben Ihrem Ich noch etwas anderes gibt. Etwas, das weiß! Versuchen Sie – spielerisch – innerlich einen Schritt zurückzutreten und Ihre Gedanken, Gefühle und Körperempfindungen aus der Sicht des Inneren Beobachters wahrzunehmen. Wenn es Ihnen gelingt, dann werden Sie merken, dass Sie Ihre Gedanken zwar wahrnehmen, aber sich nicht mehr vollkommen mit Ihnen identifizieren müssen. Und Sie können sie viel eher und schneller ziehen lassen. Wahrscheinlich wird es Ihnen nicht von heute auf morgen gelingen, aber irgendwann werden Sie verstehen, was mit dieser Übung gemeint ist. Öffnen Sie sich einfach dafür, dass Sie einen neutralen, wohlwollenden inneren Beobachter in sich haben.

Dann werden Sie erfahren, dass das Leben wesentlich leichter wird, weil Sie dann erkennen, dass Sie Gedanken haben, aber nicht diese Gedanken sind; dass Sie Gefühle haben, aber nicht diese Gefühle sind; dass Sie Körperempfindungen haben, aber nicht diese Körperempfindungen sind. Der Innere Beobachter kann für Sie zu einer großen Hilfe werden, das was ist, anzunehmen, ohne vollkommen weggespült zu werden von all den Empfindungen. Dieser Sichtwechsel wird Ihnen vielleicht auch aufzeigen, dass es oft gar nicht so sehr darum geht, ein Problem zu lösen, ein Gefühl loszuwerden, sondern einfach eine andere Beziehung dazu aufzunehmen. Wenn sie sich selbst, andere Menschen und das Leben aus der Sicht des Inneren Beobachters wahrnehmen, erkennen Sie, dass nichts von Dauer ist. Dann realisieren Sie, dass alles vergänglich ist.

Der Innere Beobachter wird Ihnen auch dabei helfen, ein tieferes Verständnis für sich selbst, die anderen und die Welt zu erhalten. Auch wenn es Ihnen manchmal nur für einen kurzen Moment gelingt, die Position des Inneren Beobachters einzunehmen, so kann ein solcher Augenblick der urteilsfreien Kenntnisnahme einer Situation oder eines Menschen einen kleinen friedlichen Freiraum in Ihrem Geist schaffen, in dem Sie neu und anders reagieren und nicht wie gewohnt mit Wut, Angst, Ärger, Zorn oder Eifersucht. Dadurch lassen sich alte Gewohnheiten und alte Konzepte durchbrechen. Ein solcher Moment kann dazu führen, dass Sie dann mit einem Menschen ein Problem in Ruhe besprechen, anstatt mit ihm zu streiten. Der Innere Beobachter kann Ihnen dabei helfen zu unterscheiden, was tatsächlich passiert und was für Geschichten aus Ihren Gedanken entstehen.

Freuen Sie sich auf die Begegnung mit Ihrem Inneren Beobachter. Er wird Ihnen ein hilfreicher Begleiter auf Ihrem Weg zur Gelassenheit werden.

Fünfter Aspekt: Gefühle benennen

In den Fußstapfen Buddhas und seiner Schüler: Buddha wies in seinen Lehrreden immer wieder darauf hin, wie wichtig es ist, sich mit den eigenen Gefühlen auseinanderzusetzen. Für ihn war es von großer Bedeutung, eine große Motivation mitzubringen, um sich selbst und die Auswirkungen des eigenen Verhaltens besser zu verstehen. Er wurde nicht müde, seine Schüler darauf hinzuweisen, dass es einen Ort in uns gibt, an dem wir heil sind, uns nicht verletzt fühlen und auch nicht zerrissen sind von schwierigen Emotionen. Um mit diesem Ort in Kontakt zu kommen, müssen wir in uns Faktoren des Erwachens aktivieren, die in der Pali-Sprache, jener Sprache, die zu Lebzeiten Buddhas gesprochen wurde, als „Bojjhanga", die sieben Erleuchtungsglieder bezeichnet werden. Es sind: Achtsamkeit, Energieeinsatz, Forschergeist, Freude, Sammlung, innere Entspannung und Gelassenheit.[37] Buddha betonte auch, dass jeder Mensch diese Eigenschaften entwickeln kann. Das heißt, auch Sie sind dazu in der Lage, mit Hilfe der sieben Glieder Kenntnis über Ihre Gefühle zu erlangen und entsprechend mit ihnen umzugehen. Seien Sie wach und achtsam wie der Buddha im Umgang mit Gefühlen, dann werden Sie früher oder später besser gleichmütig auf alles reagieren.

Bewusstsein für die eigenen Gefühle als Lebensprinzip: Unsere Gefühle wahrzunehmen ist ein erster wichtiger Schritt in Richtung persönliche Heilung und spirituelle

Entwicklung. Mit ihnen zu arbeiten ist ein notwendiger zweiter Schritt. Die buddhistische Psychologie hat wirksame Methoden entwickelt, um mit schwierigen Gefühlen zu arbeiten. Dazu gehören die „vier entscheidenden Schritte für einen achtsamen Umgang mit Gefühlen". Der *erste Schritt* besteht darin, dass wir *erkennen, was wir fühlen.* Ein neuer Weg für einen konstruktiven Umgangs mit Gefühlen ist nämlich erst dann möglich, wenn wir zur Kenntnis genommen haben, dass wir dieses Gefühl haben. Der *zweite Schritt* besteht darin, dieses Gefühl anzunehmen. Normalerweise wehren wir uns gegen bestimmte Gefühle, unterdrücken sie oder verdrängen sie, besonders dann, wenn es unangenehme Gefühle sind. Wer gibt schon gerne oder bereitwillig zu, dass er neidisch darauf ist, dass die eigene Tochter glücklicher ist als man selbst? Wer steht schon gerne vor dem eigenen Chef dazu, dass seine Ignoranz unserer Leistungen uns verletzt? Wer ruft schon bei einem Bekannten an und gibt seine Enttäuschung zu, dass man nicht zum Geburtstagsfest eingeladen wurde, obwohl man diesen Freund gerne auf den eigenen Festen willkommen heißt? Wer lässt seine Arbeitskollegen wissen, dass Ängste zu lästigen Mitbewohnern geworden sind und das eigene Leben zur Hölle machen? Wem ist es nicht arg, wenn der Meditationskreis, an dem man einmal die Woche teilnimmt, weiß, wie sehr man von Zorn, Wut, Hass, Neid, Intoleranz, Ungeduld oder Arroganz geblendet wird und sich schwer tut, diese Gefühle in liebende Güte, Mitgefühl, Achtsamkeit und Dankbarkeit zu verwandeln? Aber es lohnt sich! Denn „die ganze Bandbreite von angenehmen und unangenehmen Empfindungen wird erst wirklich spürbar, wenn wir ein Gefühl zulassen können, ohne gleich in eine innere Gegenwehr zu gehen. Wir üben, einen akzeptierenden inneren Behälter für ein Gefühl zu schaffen und unbewusste Reaktionen durch klare Entscheidungen zu ersetzen", erklärt die buddhistische Meditationslehrerin Marie Mannschatz. „Das wiederholte Ausrichten des Geistes auf die inneren Empfindungen fördert Sammlung, und unsere Gefühle werden tiefer, runder und vielfältiger."[38]

Stehen wir zu unseren Gefühlen, ist es in der Regel auch viel leichter, sie zu untersuchen. Das ist der *dritte Schritt.* Dann laufen wir nicht mehr vor ihnen weg, sondern können sie mit unvoreingenommenem Interesse untersuchen.

Je weniger wir uns mit ihnen identifizieren, desto spannender ist es, zu schauen, warum genau wir auf bestimmte Situationen oder Menschen immer mit den gleichen Gefühlen reagieren. Dies braucht allerdings etwas Zeit und Übung, damit wir unsere übliche Reaktion unterbinden können und uns dann vom Anlass des Gefühls lösen. Wenn wir stark auf etwas reagieren, ist es ja normalerweise nicht das Gefühl selbst, was uns so absorbiert, sondern es sind ein Auslöser, ein Satz, eine Reaktion oder ein Gegenstand, die etwas in uns triggern. Wenn wir dies mit Abstand beobachten können, dann merken wir, dass wir oft automatisch auf Situationen reagieren, dieser Automatismus heute aber gar nicht mehr angebracht ist. *Das Annehmen eines Gefühls* führt zum *vierten Schritt,* nämlich dazu, dass wir uns nicht mehr (so lange) mit dem Gefühl identifizieren müssen. Vielleicht werden Sie weiterhin eifersüchtig darauf reagieren, wenn Ihr Mann mit Ihrer Kollegin flirtet. Vielleicht versetzt es Ihnen weiterhin einen Stich ins Herz, wenn Sie mit ansehen müssen, dass Sie wenig Geld im Alter zur Verfügung haben werden, obwohl Sie so hart arbeiten. Vielleicht sind Sie weiterhin enttäuscht, wenn Sie Ihr Bestes tun, aber trotzdem eine chronische Krankheit nicht in den Griff bekommen. In dem Moment, in dem Sie dieses Gefühl annehmen und sich bewusst sind, dass Gefühle kommen, eine Weile anhalten und dann wieder vergehen, werden Sie diese Gefühle wahrnehmen als das, was sie sind: Gefühle, die am Horizont Ihres Gewahrseins entstehen und vergehen. Nicht mehr und nicht weniger. Ein solcher Umgang hat etwas sehr Erleichterndes. Er verdeutlicht uns, dass *alle* Gefühle vergänglich sind. Dadurch wird das Leid erträglicher.

Ein annehmender, achtsamer und wohlwollender Umgang mit unseren Gefühlen hilft uns, anders mit ihnen umgehen. Wir werden erkennen, dass es einen Unterschied macht, wenn wir sagen: „Ich habe ein Gefühl von Traurigkeit." Oder „Ich bin traurig". Mit Sätzen wie diesen oder dem Benennen wie „fühlen, fühlen, fühlen" schaffen wir eine Distanz zwischen uns und dem Gefühl. Dann können sie sich auflösen oder wir können ihnen den Platz in unserem Leben geben, den sie brauchen.

Persönliche Erfahrungen mit den Gefühlen: Als es im Jahre 2011 im Rahmen eines Burnouts bei mir zu einer Angsterkrankung kam, fühlte ich mich zum ersten Mal auf massive Weise mit einem unangenehmen Gefühl konfrontiert. Danach bestimmte die Angst über viele Monate mein Leben. Ich schlief mit ihr ein, ich wachte mit ihr auf. Ich ging mir ihr durch mein Leben. Es dauerte lange, bis ich in der Lage war, mich mit der Angst anzufreunden und später dann all die Gefühle zu benennen, die hinter der Angst steckten. Erst im Zuge dieser Erkrankung realisierte ich, dass die

Angst schon lange bei mir war, ich es aber nicht wahrgenommen hatte. Anscheinend war ich erst jetzt überhaupt in der Lage, mich näher mit ihr auseinanderzusetzen. Das tat ich auch, denn ich wusste aus buddhistischen Schriften, dass wir das, was uns Angst macht, benennen und uns mit dem, was uns ängstigt, auseinandersetzen sollen. Wir sollen den Tatsachen ins Gesicht schauen. Ich folgte diesem Rat der buddhistischen Psychologie und weiß heute, dass dies ein wesentlicher und wichtiger Schritt für mich war in Richtung Heilung. In diesen Monaten setzte ich mich gezielt mit den Ängsten auseinander. Beobachtete sie. Benannte sie. Überwand sie und integrierte sie in mein Leben. Aus dieser Erfahrung entstand mein Buch „Die Angst, der Buddha und ich", in dem ich über meine Angsterkrankung berichtete. Nie zuvor habe ich so viel positive Rückmeldungen und berührende Leserbriefe erhalten wie auf dieses Buch. Nie zuvor bedankten sich die Menschen bei mir, so mutig zu sein und über Gefühle wie die Angst so offen zu schreiben. Was mich im Nachhinein an dieser Erfahrung so berührte, war zu erfahren, wie viele Menschen an Angst leiden. Bekannte Yogalehrer, erfahrene Meditationslehrer, unbekannte Menschen. Wir alle scheinen in irgendeiner Form daran zu kranken, und uns gleichzeitig damit schwer zu tun, zu unseren Gefühlen zu stehen.

Eine Weisheit, die Sie auf Ihr Herz legen können:

„Weisheit erkennt, welche Gefühle präsent sind, ohne sich in ihnen zu verlieren."

Jack Kornfield

17

Gefühlskarte Nr. 1

Die eigenen Gefühle wahrnehmen

Wenn ein angenehmes Gefühl auftaucht, wisse,
dass dies die Erfahrung eines angenehmen Gefühls ist.
Wenn ein schmerzhaftes Gefühl auftaucht,
wisse, dass dies die Erfahrung eines schmerzhaften Gefühls ist.

– Buddha –

ÜBUNG: Konzentrieren Sie sich heute in Ihrer Meditation immer wieder auf ein Gefühl, das Sie bestimmt. Wo im Körper nehmen Sie es wahr? Benennen Sie es, ohne es zu bewerten. Sagen Sie z. B. „Fühlen. Fühlen. Fühlen". Wenn sich das Gefühl aufgelöst hat, kehren Sie zum Atem zurück und verweilen Sie dort so lange, bis sich wieder ein Gefühl in den Vordergrund schiebt.

Gefühle wie Angst, Wut, Stress, Neid und Eifersucht können Ihnen – wenn Sie ihnen nichts entgegensetzen – das Leben schwermachen. Andersherum sorgen Gefühle wie Liebe, Freude, Glück oder Dankbarkeit dafür, dass Sie selbst an einem verregneten Tag das Gefühl haben, als würde die Sonne scheinen. Normalerweise identifizieren wir uns so sehr mit unseren Gefühlen, dass wir sie für real halten und die Situation gar nicht mehr so wahrnehmen, wie sie wirklich ist. Unsere Gefühle beeinflussen unsere Gedanken und umgekehrt: die Färbung unserer Gedanken wirkt sich maßgeblich auf unsere Gefühle aus. Gemeinsam sind sie so stark, dass sie in unserem Kopf Szenarien, manchmal sogar ganze Welten erschaffen, die mit der realen Situation wenig zu tun haben. Mit zunehmender Übung werden Sie feststellen, dass Ihre Gefühle nicht nur die Wahrnehmung einer Situation beeinflussen, sondern auch maßgeblich für Ihre Entscheidungsprozesse im Alltag verantwortlich sind. Dessen sollten Sie sich immer bewusst sein und vermeiden, wichtige Entscheidungen im Affekt zu treffen, nur weil ein Gefühl Ihnen vielleicht die klare Sicht für eine Situation verstellt. Machen Sie sich deshalb immer wieder bewusst, wie machtvoll Ihre Gefühle sein können.

Wenn Sie die Übung noch etwas vertiefen wollen, dann konzentrieren Sie sich in Ihrer Meditation immer wieder auf ein Gefühl, das Sie bestimmt. Wo im Körper nehmen Sie es wahr? Benennen Sie es, ohne es zu bewerten. Sagen Sie z. B. „Da ist Freude", „da ist Eifersucht" oder „da ist Angst". Wenn sich das Gefühl aufgelöst hat, kehren Sie wieder zur Atmung zurück. Solange, bis sich wieder ein Gefühl in den Vordergrund schiebt. Nehmen Sie sich für diese Meditation 20 Minuten Zeit. Wünschenswert ist es, diese Übung über einen längeren Zeitraum zu wiederholen. Notieren Sie sich dann am Ende der Übung, welches Gefühl am häufigsten vorkommt. Welches davon ist Ihnen am vertrautesten? Woher kennen Sie dieses Gefühl? Welches Gefühl kommt so gut wie nie oder nur selten vor? Welches Gefühl würden Sie sich wünschen?

Mit zunehmender Übung werden Sie feststellen, wie wohltuend es ist, wenn Sie die Bandbreite Ihrer Gefühle kennenlernen und sie benennen können. Dann ist es nur noch ein kleiner, achtsamer Schritt, um zu erkennen, wo das ein oder andere Gefühl, das Sie früher vielleicht immer wieder übermannt hat, seine Ursache hat. „Jedes Gefühl", so der persische Dichter Rumi, „hat einen Ursprung und einen Schlüssel, der den Zugang öffnen kann." Mit der entsprechenden Achtsamkeit können auch Sie den Schlüssel zu ihren unbewussten Gefühlen finden. Seien Sie also so mutig, Ihre Gefühle zuzulassen, ohne gleich in eine innere Abwehr zu gehen, es zu leugnen oder davor zu fliehen. Dann können Sie die Wurzel für Ihren Ärger, Ihre Sorgen und Ihre Ängste erkennen und Sie aus Ihrem Geist entfernen – und Platz machen für solche Gefühle, durch die Sie inneren Frieden erlangen können. Damit haben Sie dann einen großen Schritt getan auf dem Weg, entspannt und gelassen wie ein Buddha zu sein.

18

Gefühlskarte Nr. 2

Ein Gefühl von Sicherheit entwickeln

Reflektiere im Innersten deines Herzens,
ob du dich zu sehr gegen das Leben wehrst,
dich zu sehr schützt, vorsichtiger, ängstlicher,
zurückgezogener, engstirniger oder reizbarer bist,
als es eigentlich nötig ist.

– Rick Hanson –

ÜBUNG: Suchen Sie sich heute einen Ort, an dem Sie sich sicher fühlen. Erinnern Sie sich an eine Zeit, in der Sie sich gut und sicher gefühlt haben. Tauchen Sie ganz darin ein. Lassen Sie dieses Gefühl der Sicherheit zu, so dass es sich in Ihnen ausbreitet, damit Sie sich zukünftig schneller daran erinnern.

Ist Ihnen schon einmal aufgefallen, dass die meisten Menschen die Tendenz haben, Ihren Blick auf das Negative zu richten? Fremde Menschen sprechen einen im Aufzug eher darauf an, dass sich das Brummen des Aufzugs komisch anhört, anstatt Ihnen ein Kompliment für Ihre schöne Jacke zu machen. Der Grund für dieses Verhalten liegt in der Evolutionsgeschichte. Für das eigene Überleben und das der Sippe war es wichtiger, Gefahren am Horizont auszumachen, statt sich über den sonnigen Tag und die blühenden Blumen zu freuen. Es ist mittlerweile sogar wissenschaftlich erwiesen, dass Menschen sich leichter und schneller an schmerzliche Erfahrungen erinnern als an schöne Erlebnisse, die sie im Verlaufe ihres Lebens hatten. Diese Untersuchung hat auch gezeigt, dass wir weniger aus freudvollen Erfahrungen und angenehmen Begegnungen lernen als aus unangenehmen Erlebnissen und nachhaltig negativ wirkenden Begebenheiten. In der Steinzeit war eine solche Aufmerksamkeitslenkung auf das Negative wichtig, heute hingegen erfordert es ebenso viel Aufmerksamkeit, an diesen negativen Erinnerungen nicht zu verzweifeln oder aufzugeben.

Forschungen haben gezeigt, dass es innerhalb einer Beziehung fünf positive gemeinsame Erlebnisse braucht, um einen Streit auszugleichen. Und erfahrungsgemäß sind Menschen eher bereit, hart dafür zu arbeiten, wenn die Gefahr besteht etwas zu verlieren, als dafür zu arbeiten, die gleiche Sache zu bekommen.[39]

Machen Sie sich bewusst, dass unser Gehirn wie ein Magnet reagiert. Diese Tendenz lenkt Ihre Stimmungen und Haltung sich selbst, anderen Menschen und dem, was Ihnen begegnet, unbewusst in eine negative Richtung. Es beeinflusst aber auch Ihre Projektionen auf andere Menschen, sowie Erwartungen, Hoffnungen und Planung auf zukünftige Ereignisse. Vielleicht erklärt sich dadurch jetzt für Sie, dass Sie den Blick auch schon mal gerne eher darauf richten, dass das Glas halb leer ist. Diese negative Tendenz führt dazu, dass wir erfahrungsgemäß viel schneller lethargischer, mutloser, pessimistischer oder depressiver werden, sodass es unsere ganze Aufmerksamkeit braucht, den Blick auf das Gute in unserem Leben zu richten. Durch eine solche Achtsamkeitsverlagerung hin zu einem Gedanken der

Sicherheit kann es Ihnen gelingen, den Blick zu weiten und die Herausforderungen und scheinbaren Schicksalsschläge in einem größeren Kontext zu betrachten, mehr Energie zu mobilisieren und nützliche Ressourcen zu aktivieren.

Ein Gefühl von Sicherheit zu kultivieren ist besonders dann empfehlenswert, wenn Sie dazu tendieren, ängstlich zu sein oder an sich selbst zu zweifeln. Dann ist es sinnvoll, dass Sie sich vorstellen, wie sich ein Gefühl von Sicherheit in jeder Zelle Ihres Körpers ausbreitet. Diese Übung kann Ihnen besonders in beunruhigenden Situationen helfen, zum Beispiel, bevor Sie in ein Flugzeug steigen oder in eine Besprechung gehen.

19

Gefühlskarte Nr. 3

Bringen Sie mehr Freude in Ihr Leben

Der Geist neigt sich dorthin,
worüber der Übende häufig nachdenkt.

– Der Buddha –

ÜBUNG: Machen Sie sich heute eine Liste von guten Dingen, wohlwollenden Menschen und glücklichen Umständen, die Ihnen passiert sind oder gerade passieren. Mögen Sie auch noch so nichtig erscheinen wie etwas Warmes zu essen oder das offene Ohr eines Freundes. Nehmen Sie das Gefühl der Freude, das damit einhergeht, ganz in sich auf.

Sorgen Sie dafür, dass Sie so viele schöne Dinge in Ihrem Leben haben wie nur eben möglich. Verwöhnen Sie Ihre Sinne mit schönen Düften, gut schmeckenden Speisen, guter Musik etc. Dazu reicht manchmal schon der Anblick einer frischen Blume oder der Duft eines ätherischen Öles, der uns entspannt und uns ein wohliges Gefühl vermittelt.

Wenn Sie sich für die freudvollen, schönen und positiven Dinge in Ihrem Leben öffnen und den Fokus darauf richten, heißt dies noch lange nicht, dass das Leben Sie nicht mehr mit leidvollen Erfahrungen konfrontieren wird. Das Leben ist, wie es ist. Trotzdem ist es für Körper, Seele und Geist heilvoll, wenn Sie sich mit positiven Dingen, fröhlichen Menschen und entspannenden Ereignissen umgeben. Auf diese Weise aktivieren Sie den Parasympathikus, jenen Bereich Ihres autonomen Nervensystems, der für die Beruhigung zuständig ist. Der Sympathikus, der aktiv wird, wenn wir entweder angreifen oder fliehen müssen, wird auf diese Weise beruhigt und die Ausschüttung von Stresshormonen reduziert. So werden Ängste beruhigt, Ihr Körper entspannt sich, das Immunsystem wird gestärkt und die Verdauung verbessert. Diese umfassende Wirkung auf Ihr ganzes Dasein sollten Sie immer wieder berücksichtigen.

Um mehr Freude in Ihr Leben zu bringen, braucht es eine gehörige Portion Achtsamkeit. „Da die Achtsamkeit zum großen Teil unserer willentlichen Kontrolle unterliegt, steht uns ein außergewöhnliches Werkzeug zur Verfügung, um den ganzen Tag über das Gehirn in positiver Weise zu formen“,[40] empfiehlt der Neuropsychologe Rick Hanson. Das Leben selbst ist für viele Menschen sowieso schon schwer genug. Gelingt es Ihnen hingegen immer wieder, mehr Achtsamkeit auf Ihre Gefühle zu lenken und sich nicht andauernd mit Ihren Ängsten und Sorgen zu identifizieren, dann können Sie ein glücklicheres Leben führen und tieferen inneren Frieden finden.

Sie können die Übung dahingehend vertiefen, dass Sie sich einmal bewusst machen, was Ihnen Angst macht, Sie stresst oder Ihnen überhaupt keine Freude bereitet. Versuchen Sie, jeden Tag eines dieser negativen Dinge durch etwas Positives zu ersetzen. Zum Bespiel könnten Sie im Rahmen dieser Praxis feststellen, dass es Ihnen gar nicht gut tut, abends vor dem Schlafengehen einen Krimi zu schauen. Ersetzen Sie den Krimi in Zukunft durch eine Komödie, einen entspannenden Film oder durch eine Meditation. Überlegen Sie sich auch, welche Menschen Ihnen nicht gut tun. Und wen es in Ihrem Umfeld gibt, der Freude in Ihnen auslöst. Erst durch Achtsamkeit nehmen wir manchmal überhaupt erst wahr, was und wer uns gut tun.

20

Gefühlskarte Nr. 4

Geringschätzung erkennen

Es ist sehr wichtig,
stets seinen Geist zu beobachten,
um nicht in den Würgegriff
von Gier und anderen störenden Gefühlen zu geraten.

– Dalai Lama –

ÜBUNG: Werden Sie sich heute bewusst, wie oft Sie jemand oder etwas gegenüber negative Gefühle entwickeln. Sie werden erstaunt sein, wie schnell und wie häufig das passiert. Es können eher schwache Gefühle sein wie Irritation oder Unwohlsein, oder aber starke Emotionen wie Zorn oder Hass. Überlegen Sie, ob die Ablehnung vielleicht doch nur eine alte Projektion oder ein unüberlegtes und ungerechtfertigtes Vorurteil ist. Achten Sie auf Ihre Gedanken.

Wenn Sie anfangen, auf Ihre Gedanken und Gefühle zu achten, kann es ziemlich schockierend sein, wie schnell und wie häufig Sie andere Menschen abwerten oder ihnen gegenüber ein Gefühl von Hochmut, Eifersucht, Abneigung, Ekel oder Arroganz entwickeln. Dies kann so schnell passieren, dass Sie es vielleicht gar nicht wahrnehmen. Oft sind es Kleinigkeiten, die dazu führen, dass wir einen anderen Menschen ablehnen: seine Frisur oder Kleidung, seine Ausbildung, sein Parfüm, eine Äußerung oder eine Handlung.

Wie schnell schütteln Sie den Kopf mit Geringschätzung, wenn ein Autofahrer nicht sofort reagiert, aber eigentlich gar nichts passiert ist. Wie schnell rutscht Ihnen ein Schimpfwort über die Lippen, weil jemand Ihnen den Parkplatz vor der Nase wegschnappt. Wie schnell reagieren Sie mit Unmut, wenn jemand vor uns an der Supermarktkasse besonders langsam ist und sich viel mehr Zeit lässt, als wir zu haben meinen? Achtsamkeit kann Ihnen aufzeigen, wie schnell Sie einen Menschen mit Geringschätzung strafen, nur weil Sie gerade im Stress sind oder Ihnen irgendetwas gegen den Strich geht – was mit dem Menschen, der Ihre Geringschätzung erntet, aber gar nichts zu tun hat.

Wie schnell – und oft ungerechtfertigter Weise – Sie andere Menschen bewerten, abwerten, verurteilen oder geringschätzen, kritisieren oder monieren, können Sie erst bemerken, wenn Sie auf Ihre Gedanken und in Wechselwirkung damit auf Ihre Gefühle achten. Am Anfang mag es erschreckend sein zu erkennen, wie allgegenwärtig Geringschätzung ist. Und dann kann es auch sehr erschütternd sein, wenn wir feststellen, dass manche Menschen gar keinen anderen Gesprächsinhalt finden, als über die eigenen Kollegen, den Chef oder andere Menschen zu reden.

Ein hilfreiches Gegenmittel ist die Praxis der Demut. Demut wird Ihnen dabei helfen, das Gefühl der Selbstüberhöhung und damit einhergehend das Gefühl der Geringschätzung anderer loszulassen. Demut ist keine Schwäche! Sie wird vielmehr Ihr Selbstvertrauen stärken. Sie sorgt dafür, dass Sie anderen Menschen auf gleicher Augenhöhe begegnen. Dadurch erkennen Sie die Verbundenheit mit allem. Ein Gefühl von Demut dem Leben und anderen Menschen gegenüber wirkt wie eine offene Hand. Zeigen

Sie sich demütig, stellen Sie sich nicht über andere, sondern seien Sie sich bewusst, dass Sie viel von ihnen lernen können. Dann sind und bleiben Sie einfach offen und gehen mit einem Anfängergeist durchs Leben. Dadurch fühlen sich andere Menschen nicht so leicht kritisiert oder verletzt. Demut ist auch ein Ausdruck von Weisheit, weil sie weiß, dass wir am Ende wie alles zu Staub werden.

Sechster Aspekt: Dankbarkeit kultivieren

In den Fußstapfen Buddhas und seiner Schüler: Buddha sah in der Dankbarkeit einen wichtigen Aspekt auf dem spirituellen Weg und hielt sogar eine Lehrrede dazu: „Der gute Mensch aber, ihr Mönche, ist dankbar und erkenntlich. Denn Dankbarkeit und Erkenntlichkeit sind bezeichnend für gute Charaktere. Dankbarkeit und Erkenntlichkeit bilden den Grundzug eines guten Menschen." (Anguttara Nikaya II, 33.) So ist es nicht verwunderlich, dass die Dankbarkeit und deren rituelle Ausdrucksform in manchen buddhistischen Richtungen, wie im Soto-Zen, Bestandteil der Praxis geworden sind.

Einer der bekanntesten buddhistischen Lehrer der Gegenwart, der der Dankbarkeit besonders viel Raum gibt, ist der Benediktinermönch und Zenlehrer Bruder David Steindl-Rast. Bekannt wurde er für seine interreligiösen Initiativen. Im Internet betreibt Bruder David erfolgreich ein internationales „Netzwerk Dankbares Leben". Für Bruder David ist Dankbarkeit ein Lebenselixier: „Wir können lernen, jeden Tag noch nie Gewürdigtes neu zu erleben. Am Morgen, noch bevor wir die Augen öffnen, können wir schon damit anfangen. Wir brauchen uns nur daran zu erinnern, was für ein Geschenk unsere Augen doch sind … Würden wir nicht unsere Augen ganz anders öffnen, wenn wir es dankbar täten? Dankbarkeit ist der Schlüssel zur Lebensfreude. Wir halten diesen Schlüssel in unseren eigenen Händen."[41]

Dankbarkeit als Lebensprinzip: Bei der Dankbarkeit handelt es sich um eine Geisteshaltung, in der wir uns darin üben, wahrzunehmen und wertzuschätzen, wie viel Gutes uns das Leben jeden Tag gibt. Zum Beispiel ein Paar Ohren, die das Zwitschern der Vögel am Morgen hören können. Zwei Füße, die uns durch einen wunderschönen Park tragen. Eine gemütliche Wohnung, die uns bei Regen und Kälte Schutz gibt. Dankbarkeit ist eine Geisteshaltung, die unsere Sicht auf unser Leben maßgeblich verändern kann: Weg von einem Gefühl des Mangels. Weg von dem Glauben, vom Leben benachteiligt oder vergessen worden zu sein. Weg von dem, was nach Buddhas Ansicht so viel Leid verursacht: der Ablehnung dessen, was wir nicht haben wollen. Dankbarkeit möchte uns dazu inspirieren, endlich aufzuhören, auf hohem Niveau zu jammern, und den Blick dafür zu öffnen, was das Leben uns im gegenwärtigen Moment schenkt: ein ganzes Universum. Das ist eine ganze Menge! Verändern wir unseren Blick und richten ihn voller Dankbarkeit auf das Leben, dann wird die Dankbarkeit so etwas wie eine magische Zutat, die uns hilft, ein erfülltes Leben zu führen. Sie kann vieles in unserem Leben verzaubern und uns in scheinbar ungerechten Situationen inneren Frieden schenken.

Dankbarkeit kann uns dabei helfen, Probleme zu lösen und schwierige Zeiten als ein Geschenk zu betrachten, durch das wir reifen können. Sie unterstützt uns dabei, mit einer solchen Sicht auf persönliche Herausforderungen Lösungen zu finden, statt den Kopf in den Sand zu stecken, und negative Umstände in positive zu verwandeln und günstige Situationen für uns zu nutzen. Durch Dankbarkeit können wir unser Gehirn umprogrammieren und das

Gefühl, beschenkt zu werden, tief in unserem Bewusstsein verankern. Das führt dazu, dass wir uns aus einer Opferrolle befreien können und in die Position des Beschenkten wechseln. Dadurch werden wir achtsamer, mitfühlender, geduldiger, glücklicher und – eben dankbarer dem Leben gegenüber. Dieser Perspektivenwechsel ist dringend notwendig, denn normalerweise verpassen wir die Geschenke des gegenwärtigen Momentes viel zu häufig, weil wir uns im Gestern oder im Morgen, in Wünschen oder in Vorstellungen, in Träumen oder in Gewohnheiten aufhalten und ihnen nachtrauern oder sie herbeisehnen. Diese Gewohnheit führt dazu, dass wir unachtsam für die Wunder des gegenwärtigen Momentes sind, weil wir unreflektiert Hoffnungen, Sehnsüchte und Wünsche in die Zukunft hineininterpretieren. Durch die regelmäßige Praxis der Dankbarkeit fühlen wir uns inspirierter und es eröffnen sich neue Wege, die wir gerne durch den Scheuklappenblick des Opfers übersehen. Je mehr Dankbarkeit wir also praktizieren, desto reicher fühlen wir uns.

Persönliche Erfahrungen mit der Dankbarkeit: Vor einigen Jahren schlug ich einem großen Verlag in München ein Buch zum Thema Dankbarkeit vor. Er lehnte dankend ab. Der Verleger vertrat die Ansicht, dass Dankbarsein etwas mit Bittstellen zu tun habe und dass das Leben, die Menschen um einen herum, doch selbstverständlich seien und man dafür nicht dankbar sein müsse. Vor gut einem Jahr trafen wir uns wieder. Er hatte eine schwere persönliche Krise durchlebt, weil er ein Jahr zuvor seinen Sohn durch einen Verkehrsunfall verloren hatte. Durch diese Erfahrung hatte sich sein Blick auf das Leben verändert. In dem Gespräch mit mir erinnerte ich ihn an seine Absage damals zu meinem Buchvorschlag und er meinte, dass er sich nach dem Verlust seines Sohnes daran erinnert habe und nun schmerzlich lernen musste, dass nichts im Leben selbstverständlich sei. Erst jetzt wisse er darum, und sei dem Himmel sehr dankbar dafür, dass er ihm seine Zwillingstochter, die bei dem Autounfall dabei gewesen sei, nicht auch noch genommen hatte. Solange uns das Leben mit Verlust und Schmerz verschont, halten wir vieles für selbstverständlich. Dankbarkeit ist uns in solchen Momenten oftmals ein Fremdwort oder scheint uns vollkommen überflüssig. Erst durch die Erfahrung des Leids beginnen wir überhaupt ein Gespür dafür zu entwickeln, wie kostbar das Leben, ein gesunder Körper und wohlwollende Menschen sind.

Eine Weisheit, die Sie auf Ihr Herz legen können:

„Glück macht uns nicht dankbar. Dankbarkeit macht uns glücklich."

David Steindl-Rast

21

Dankbarkeitskarte Nr. 1

Dem Körper danken

Ein Dank erfrischt oft mehr
als Wasser und Schatten.

– Buddha –

ÜBUNG: Lassen Sie Dankbarkeit zur Gewohnheit werden. Schicken Sie vor dem Schlafengehen Ihren Füßen einen Dank. Nur weil *sie* gesund sind, können Sie tanzen und achtsam Schritt für Schritt gehen. Am nächsten Abend danken Sie Ihren Augen. Dann den Ohren. Danken Sie jedem Tag einem anderen Teil Ihres Körpers.

Für viele ist die Praxis der Dankbarkeit schwierig. Oft fühlen wir uns an unsere Kindheit erinnert, als Dankbarkeit an eine Verpflichtung gekoppelt war. So häufig wurden wir als Kinder oder Jugendliche möglicherweise mit einem „Sag danke!" gezwungen, sodass Danksagung für uns zu einem leeren Lippenbekenntnis geworden ist. Erschwerend kommt hinzu, dass uns in der heutigen Zeit fast jeder Wunsch zu jeder Zeit erfüllt wird. Alles hier und jetzt zu bekommen, erscheint uns schon fast selbstverständlich, sodass wir Worte des Dankes fast verlernt haben. Ähnlich verhält es sich mit unserem Körper: Das alles „funktioniert", erscheint uns so lange selbstverständlich, bis irgendetwas streikt, oder bis wir krank werden. Erst in einem solchen Moment lernen wir unseren Körper wieder zu schätzen. Erst wenn wir wieder richtig gesund sind, wissen wir, wie dankbar wir sein können, dass noch einmal alles gut gegangen ist. Erleben wir einen Unfall, bei dem wir unversehrt überleben, dann spüren wir besonders große Dankbarkeit, weil wir das Gefühl haben, dass uns der Himmel freiwillig oder großzügig etwas Gutes getan, nämlich uns unversehrt gelassen hat. Wohl jeder hat Situationen in seinem Leben erlebt, in denen er dankbar für das eigene Leben oder das der Menschen war, die uns besonders am Herzen liegen.

Um Dankbarkeit zu praktizieren, ist es sinnvoll, sich von alten, überholten und negativen Konzepten zu befreien, die Sie möglicherweise mit Dankbarkeit verbinden. Um dankbar zu werden, ist es ratsam, dass Sie Ihr Tempo verlangsamen. Werden Sie achtsam und offen für das, was Ihnen das Leben gerade schenkt: gesunde Füße, einen klaren Geist, eine gute Verdauung oder ein gesundes Herz. Sollte es Ihnen allerdings schwerfallen, sich zum Beispiel für ein gesundes Herz zu öffnen, dann brauchen Sie nur einmal mit einem wachen Blick zu beobachten, wie viele Menschen unter Herzrhythmusstörungen, Herzerkrankungen etc. leiden. Werden Sie offen dafür, was für ein großes Geschenk es ist, einen gesunden Körper zu haben. Er ist die Voraussetzung dafür, dass es Ihnen überhaupt möglich ist, Auto zu fahren, zu joggen, zu tanzen, einen Menschen, den Sie lieben, zu küssen und barfuß Schritt für Schritt zu gehen.

Ein solches Gefühl der Dankbarkeit, das Sie durch Übungen wie „Den eigenen Füßen danken“ intensivieren können, wird Ihnen helfen, die Aufmerksamkeit umzulenken, weg von all den kleinen und großen Dingen in unserem Leben, die Ihnen vielleicht nicht schmecken, hin zu der Erkenntnis, dass Sie mit Ihrem Körper ein unendlich großes Wunderwerk geschenkt bekommen haben. Laut Buddha ist der Körper überhaupt das größte Geschenk, weil wir durch ihn in der Lage sind, uns selbst wahrzunehmen, zu reflektieren und mit Hilfe unseres Gehirns und Geistes Erleuchtung zu erlangen. Sind wir uns dessen bewusst, dann wird jeder Tag in unserem Körper, so wie er ist, zu einem großen Geschenk. Dadurch können Sie Ihren Fokus verschieben: weg von einem konstruierten Schönheitsideal, das Ihnen von Trends und Medien vorgegeben wird, hin zu der einzigartigen Schönheit, die *Sie* auszeichnet und Sie zu einem ganz besonderen Geschenk für die Menschheit macht. Eine solche Praxis wird Ihnen helfen, sich bewusst zu werden, dass es alleine in Ihrer Macht steht, Ihre Gedanken und Gefühle auf eine Weise zu lenken, die Sie Ihren Körper und Ihr ganzes Sein erleben lässt.

22

Dankbarkeitskarte Nr. 2

Dankbar sein für unser Leid

Dankbarkeit ist eine äußerst wichtige spirituelle Quelle, die wir entwickeln können.

– Godwin Samaparanthe –

ÜBUNG: **D**enken Sie heute an eine wichtige Krise in Ihrem Leben. Danken Sie den Menschen, die daran beteiligt waren und die Krise möglicherweise sogar ausgelöst haben. Auch wenn es paradox klingt – aber ohne ihr Dazutun wären Sie nicht so reif und weit, wie Sie heute sind.

Der Buddha brachte mit seinen Vier Edlen Wahrheiten zum Ausdruck, dass leidvolle Erfahrungen zu unserem Leben gehören. Er zeigte auch, dass es einen Weg gibt, mit diesen Erfahrungen umzugehen: Indem man lernt, sie nicht persönlich zu nehmen und sich nicht mit ihnen zu identifizieren. Eine solche Haltung ist nicht einfach, aber sie wird Ihnen dabei helfen, nicht in einer Opferrolle zu verharren und zu glauben, dass das Leben es mit Ihnen besonders schlecht meint. Durch eine unpersönliche Sichtweise auf die Erfahrungen wird es leichter, mit schmerzvollen Situationen umzugehen. *Jeder* wird im Verlaufe seines Lebens immer wieder mit leidvollen Situationen konfrontiert. Mit etwas Abstand betrachtet, sind solche Situationen – so schmerzvoll sie auch sein mögen – notwendig und gleichzeitig hilfreich für unseren persönlichen Reifungsprozess.

Vielleicht hilft Ihnen ein solcher Perspektivenwechsel, eine schwierige Erfahrung in Ihrem Leben nicht mehr als eine persönliche Strafe des Lebens an Sie zu betrachten oder als einen Schicksalsschlag. Vielleicht realisieren Sie auf diese Weise, dass Erfahrungen wie Verlust, Tod und Leid einfach zum Leben und zum Menschsein dazu gehören. Indem Sie solche Situationen nicht ablehnen und ihnen mit Achtsamkeit begegnen, leugnen Sie nicht, dass das Leben Leiden mit sich bringt und dass Sie manchmal dadurch auch an Ihre psychischen und physischen Grenzen kommen. Es heißt auch nicht, dass Sie schwierige Phasen in Ihrem Leben leugnen müssen. Aber durch eine grundsätzlich positive Haltung lenken Sie Ihre Aufmerksamkeit auf die positiven Dinge und nehmen sich Zeit, diese wertzuschätzen und dankbar anzunehmen. So kann manchmal die erste Mahlzeit nach einer schweren Grippe wie ein Festschmaus schmecken und Sie mit einer solchen Dankbarkeit erfüllen, die kein Geld auf der Welt aufwiegen könnte. Deshalb ist es hilfreich, wenn Sie in einer Situation, so schmerzvoll sie sein mag, auch einen Blick darauf werfen, was sie Ihnen an Wachstum und Einsichten bringt.

23

Dankbarkeitskarte Nr. 3

Den kleinen Sünden sei Dank

Jeder Tag sollte zu einem Dankfest werden,
an dem ihr an alle Gaben denkt, die das Leben euch schenkt.

– Paramahansa Yogananada –

ÜBUNG: Sie versüßen uns den Mittleren Weg und helfen uns durch manch spirituelle Krise: köstliche Pralinen, fruchtige Weine oder andere Schleckereien. Machen Sie sich die Menschen bewusst, die an deren Entstehungsprozess beteiligt sind. Schicken Sie all den kreativen Konditoren, Winzern und Lebensmittelherstellern im Geiste ein „Danke schön".

Dankbarkeit lässt Sie erfahren, dass alles auf dieser Erde etwas Besonderes ist. Dankbarkeit führt auch dazu, dass Sie die Verbundenheit von allem und jedem erkennen. Das wird Ihnen dabei helfen, alles, was Sie essen, aus einem ganz anderen Bewusstsein heraus zu essen, als wenn Sie es bloß in sich hineinstopfen würden. Dankbarkeit lässt uns frei werden. Wenn Sie eine einzige Praline voller Achtsamkeit und Dankbarkeit essen, erfahren Sie diese als ein großes Geschenk. Dann sind Sie vielleicht bereits nach der ersten Praline gesättigt. Haben Sie hingegen ein schlechtes Gewissen, weil Sie meinen „anzuhaften", dann wird diese Praline nur halb so gut schmecken. Die Fähigkeit genießen zu können *und* achtsam zu sein, ist eine wichtige Lektion auf dem spirituellen Weg. Der achtsame Genuss einer Süßigkeit und ein Dank an alle Menschen, die an ihrer Entstehung mitgewirkt haben, kann eine heilvollere spirituelle Praxis sein, als wenn Sie sich die Schokolade verkneifen. Eine solch bewusste Handlung zeichnet Sie dahingehend aus, dass Sie in der Lage sind, Ihre Achtsamkeit und Dankbarkeit auf die kleinen Geschenke des Alltags und des Lebens zu richten.

Das gleiche gilt im Umgang mit anderen Menschen. Bedanken Sie sich im Geiste ruhig immer wieder einmal bei Ihren Mitmenschen: Wenn Sie Ihrem Arzt für die Zeit danken, die er Ihnen geschenkt hat, einem guten Freund für sein offenes Ohr oder dem Koch in einem Restaurant über den Kellner einen Dank ausrichten lassen, sind die Menschen oft geneigt, diesen Dank abzutun und zu sagen, dass es doch selbstverständlich sei. Es ist aber nicht selbstverständlich. Danken Sie den Menschen und Sie werden Freunde ernten.

Wenn die Praxis der Dankbarkeit in Ihnen ein gutes Gefühl auslöst, dann können Sie diese abends vor dem Schlafengehen noch vertiefen und ihren Geist mit Dankbarkeit erfüllen. Anstatt sich Sorgen über die Zukunft zu machen, ist es heilvoller, sich vor dem Schlaf die Dinge vor Augen zu führen, für die sie dankbar sind, weil Sie dadurch ein Gefühl der Fülle und des Reichtums erleben können. Dankbarkeit lässt uns achtsamer werden, weil wir uns dann auch oft bereits durch Kleinigkeiten genährt fühlen können, anstatt immer nur den Fokus auf das zu richten, was wir noch nicht haben. Darüber hinaus haben Studien belegt, dass Dankbarkeit dazu führt, dass wir besser mit schwierigen

Situationen umgehen können, ein größeres Wohlbefinden haben und sogar besser schlafen.[42]

24

Dankbarkeitskarte Nr. 4

Die Geschenke des Universums annehmen

Dankbarkeit stärkt unser Vertrauen
in das Leben, denn Dankbarkeit selbst ist
Ausdruck des Vertrauens.

– Ursula Richard –

ÜBUNG: Nehmen Sie dankend die Geschenke an, die Sie heute umsonst vom Universum bekommen haben: die Sterne am Himmel, die wärmende Sonne auf Ihrer Haut, den Gesang eines Vogels, das Blühen der Blumen und DAS, was die Atome zusammenhält und dafür sorgt, dass Sie heute hier sind!

Wenn Sie sich bedingungslos für die Wunder des Lebens öffnen, werden Sie automatisch ein tiefes Gefühl von Dankbarkeit erleben. Wie durch ein Wunder erfahren Sie dann vielleicht, dass Sie etwas Kostbares in sich tragen und dass Sie es gerne mit anderen Menschen teilen möchten, weil Sie unendlich viel davon besitzen. Wie durch ein Wunder werden Sie die Quelle des Lebens erfahren, die Quelle Ihres Bewusstseins und die Quelle Ihres Seins. Wie durch ein Wunder offenbart es sich Ihnen in einem Moment, in dem Sie offen und achtsam sind, vom Leben nichts fordern, sondern dankbar sind für den gegenwärtigen Moment und tief berührt werden können vom Vogelgezwitscher, einem

Sonnenuntergang, dem Blick auf einen Berggipfel oder dem Geruch einer Sommerwiese. Es ist eine Dankbarkeit für Augenblicke in der Natur oder in tiefer Verbindung mit einem anderen Menschen, in denen wir unsere eigene Essenz ganz intensiv und unmittelbar spüren und es keine Fragen mehr gibt, sondern nur noch ein tiefes Gefühl von Dankbarkeit.

Es ist eine hohe Kunst, bedingungslose Dankbarkeit zu erleben und sie zu kultivieren. Wie schnell haben wir das Gefühl, dass wir etwas gar nicht verdient haben oder etwas zurückgeben müssen. Dabei sind all die Geschenke, die wir erfahren, wenn wir achtsam im gegenwärtigen Moment sind, etwas, das uns freiwillig vom Leben gegeben wird. Wir müssen sie uns nicht verdienen. Wir bekommen sie unserer selbst wegen. Alles, was wir tun müssen, ist, sie dankbar annehmen. Sich selbst die Erlaubnis zu geben, die Geschenke des Lebens anzunehmen, ohne dafür besonders lange meditiert, praktiziert zu haben, oder ohne besonders gut, fleißig oder vorbildlich gewesen zu sein, ist wohl eine der schwierigsten spirituellen Übungen überhaupt. „Nimm die Geschenke, die dir begegnen, wirklich in dich auf, was auch immer sie sein mögen", empfiehlt Rick Hanson jenen Menschen, die das Gehirn eines Buddha entwickeln wollen, „Lass sie zu einem Teil deiner selbst werden, eingewoben in deinen Körper, dein Gehirn und dein Sein."[43] Eine gute und lobenswerte Empfehlung. Wenn Sie sich einschwingen in das große Ganze und sich dafür öffnen, dann erfahren Sie, dass Sie nichts leisten müssen. Sie müssen sich Ihr Leben nicht verdienen! Alles, was für Ihren persönlichen Weg wichtig ist, ist bereits vorhanden.

Siebter Aspekt: Mutig werden

In den Fußstapfen Buddhas und seiner Schüler: Als Buddha auf dem besten Weg war, das ultimative Verständnis über die Zusammenhänge in der Welt zu erlangen, sandte Mara, der Gott des Bösen, seine Streitmacht, um Buddha zu attackieren. Auf diese Weise wollte Mara ihn von der Erleuchtung abbringen. Als Erstes kam eine wilde Horde übelster Monster und feuerte mit Waffen gegen den Buddha. Diese aber verwandelten sich in Blumen. Als Mara erkannte, dass seine bösen Dämonen dem Buddha keine Angst einflößen konnten, versuchte er, ihn mithilfe der schönsten Frauen abzulenken. Sie versuchten alles, um ihn zu verführen. Buddha aber blieb standhaft. Die hübschen Mädchen verwandelten sich in alte Frauen, so wie sich zuvor die Pfeile in Blumen verwandelt hatten. Dies war ein deutliches Zeichen dafür, dass die Waffen der Verführung unwirksam blieben. Mara sagte dem Buddha daraufhin, dass keiner ihm glauben würde, dass er so viel Mut gehabt hätte, ihm, dem Gott des Bösen, zu widerstehen. Daraufhin hielt Buddha seine rechte Hand in Richtung Erde und rief die Göttin der Erde als Zeugin an. Jetzt erst sah Mara ein, dass er gegen Buddha nichts ausrichten konnte. Mürrisch zog er von dannen. In jener Nacht hatte Buddha unendlich viel Mut bewiesen. Er hatte sich *allen* Dämonen gestellt und ließ sich von *keinem* beeindrucken. Sein Mut hatte ihm geholfen zu erkennen, dass alles, selbst die schrecklichsten Dämonen, in unserem eigenen Geist entstehen. Wenn wir dies einmal realisieren, können wir ein Leben ohne Furcht leben.

Mut als Lebensprinzip: Durch die buddhistische Psychologie lernen wir, dass wir Gedanken haben, aber nicht diese Gedanken sind. Durch sie lernen wir auch, unseren Blick voller Achtsamkeit immer wieder auf unser Bewusstsein zu lenken und die Zustände, die sich im Laufe des Tages bemerkbar machen, klar zu benennen. Sind wir offen, erkennen wir, dass uns über den Tag verteilt eine ganze Palette von unterschiedlichsten Zuständen durchströmt. Mal fühlen wir uns glücklich, mal sind wir verärgert, dann wiederum entspannt, gelangweilt, verängstigt, fröhlich, ärgerlich, glücklich, geliebt oder enttäuscht. Das Ziel der buddhistischen Psychologie ist es, diese Zustände klarer zu erkennen und zu merken, dass sie nicht mehr sind als Zustände unseres Geistes. Denn solange wir an unsere Geisteszustände glauben und sie für real halten, leiden wir, weil sie über unser Empfinden bestimmen und wir ihnen dann meist hilflos ausgeliefert sind. Ihnen offen zu begegnen und sich nicht von ihnen in die Irre führen zu lassen, erfordert Mut.

Unsere geistigen Zustände kennenzulernen ist nach Ansicht der buddhistischen Psychologie deshalb so wichtig, weil wir so abhängig von den Inhalten der Zustände sind, und diese machen wir wiederum abhängig von dem, was uns im Außen widerfährt. Meist glauben wir, dass wir nur dann angenehme Geisteszustände erfahren, wenn die Umstände in unserem Leben positiv sind und uns Glück, Gesundheit oder Wohlstand bescheren. Sind die äußeren Umstände hingegen nicht so, wie wir es uns vorstellen, leiden wir und bekommen es mit der Angst zu tun. Die buddhistische Psychologie möchte uns vermitteln, dass die äußeren Umstände nicht relevant sind für unser Wohlergehen, sondern dass es vielmehr auf den Zustand unseres Geistes ankommt. Denn nur davon hängt unser Glück ab. Aber eine solche Sichtweise erfordert Mut.

Die Angst ist der große Widersacher des Mutes. Angst speist sich aus nur einer Quelle: unseren Gedanken – um die Vergangenheit und um die Zukunft. Mutig zu sein heißt, sich der Vergangenheit zu stellen und gedanklich nicht an ihr zu hängen. Das wiederum kann bedeuten, sich möglicherweise sogar ein Stück von ihr zu lösen: zum Beispiel von alten Gewohnheiten, die heute nicht mehr zu uns passen. Oder von alten Vorlieben, die längst veraltet sind. Manchmal bedeutet Mut vielleicht sogar, Abschied zu nehmen von alten Weggefährten, die unserem eigenen Wachstum nicht standhalten können, weil sie selbst nicht den Mut hatten, sich weiterzuentwickeln. Mutig zu sein heißt aber auch manchmal, sich von einem spirituellen Lehrer zu verabschieden, wenn wir merken, dass wir dort in einer Komfortzone gelandet sind, die zwar behaglich ist, uns aber auf unserem spirituellen Weg nicht wirklich voranbringt. Mutig zu sein heißt auch, der Zukunft Platz zu machen und den Dingen oder Menschen Raum zu geben, die zu unserem eigenen Entwicklungsstand passen. Mutig zu sein heißt auch, sich nicht von den Ängsten beherrschen zu lassen, dass es schlecht werden könnte, wenn wir Veränderungen in unserem Alltag zu- und uns ganz auf das Hier und Jetzt einlassen und die Gelegenheiten beim Schopf packen, die sich gerade jetzt bieten. Leider lassen wir die meisten aber ungenutzt vorüberziehen. Aus Angst.

Aus einem Sicherheitsdenken heraus. Aus Vernunft und oft auch aus Bequemlichkeit. In vielen Momenten fehlt uns schlichtweg der Mut, uns einfach unvoreingenommen für das zu öffnen, was uns entlasten oder unser Leben bereichern könnte.

Für den buddhistischen Lehrer Han Shan ist Achtsamkeit die wichtigste Zutat zum Mut. Wenn wir jedem Moment mit Achtsamkeit begegnen, entfaltet sich seiner Ansicht nach das Leben vor uns so, wie es zu uns passt. Haben wir den Mut loszugehen, wird sich das Leben zu unserem Wohl entfalten, auch wenn wir die Route des Weges manchmal nicht verstehen. Sind wir achtsam, dann erkennen wir auch den rechten Augenblick, in dem wir den ersten Schritt tun sollen, um unser Glück zu ergreifen oder den Zeitpunkt zu erkennen und ihn nicht verstreichen zu lassen.[44]

Aber nicht jeder ist von Geburt aus mutig. Mutig zu werden und zu sein kann man jedoch lernen. Wir brauchen es nur zu kultivieren – ähnlich wie Mitgefühl oder Geduld. Auf dem Weg dorthin spielt die Achtsamkeit eine wichtige Rolle, denn so weiß auch Jack Kornfield: „Das mutige Herz ist jenes, das keine Angst hat, sich der Welt zu öffnen. Mitgefühl verleiht uns die Fähigkeit, uns ohne Panzer dem Leben zu stellen."[45] Sind wir mutig und begegnen wir der Welt mit einem offenen Herz, realisieren wir, dass es letztendlich nichts gibt, vor dem wir Angst haben müssen, weil unser Herz nicht verletzt werden kann.

Mut ist eine der Grundvoraussetzungen, die wir brauchen, um unserem Alltag zuversichtlich zu begegnen, unseren spirituellen Weg zu gehen, den eigenen Visionen zu folgen, einen Neuanfang zu wagen und unseren Träumen Ausdruck zu verleihen. Vor jeder mutigen Tat steht immer eine eigenverantwortliche Entscheidung, die getroffen werden will. Aber mutig zu sein, beinhaltet immer ein Risiko. Denn das Leben ist unberechenbar. Wer aber den Mut hat, auf seine innerste Stimme zu hören und Vertrauen in sie zu haben, der wird den richtigen Weg finden und ihn barfuß Schritt für Schritt gehen. Auch wenn er sich nur Schritt für Schritt entfaltet. Auch dann, wenn wir ihn anfangs etwas zögerlich gehen. Aber später werden wir wissen, dass es der richtige Weg ist und gelassen sein wie ein Buddha. „Das Leben wird vorwärts gelebt und rückwärts verstanden", sagt Soren Kierkegaard. Und jeder von uns kann diese Aussage bestätigen. Denn wie oft haben wir erst im Nachhinein Zusammenhänge erkannt und waren dann froh und manchmal erstaunt zugleich, wie mutig wir gehandelt haben, auch wenn wir nicht wussten, wie der nächste Schritt weitergeht.

Mut brauchen wir auch, um schwierige Phasen nicht als einen Schicksalsschlag zu betrachten, sondern eher als eine Chance, an der wir wachsen können. Wir brauchen ihn deshalb, weil wir dadurch für unser eigenes Denken und für unser eigenes Handeln Verantwortung übernehmen. Wir brauchen Mut, uns den Kämpfen und Herausforderungen des Lebens zu stellen. Wir brauchen Mut, um zu uns selbst zu stehen, zu unseren Bedürfnissen, Nöten und Ängsten. Wir brauchen auch Mut, wenn es darum geht, zu unserer Meinung zu stehen und ein klares Nein zu formulieren, besonders dann, wenn es um Missbrauch, Gewalt und Raubbau geht – sowohl auf der individuellen als auch auf der globalen Ebene. Mut macht uns zwar auf den ersten Blick verletzlicher, aber auf den zweiten Blick auch freier. Mut führt dazu, dass wir zum Buddha werden.

Persönliche Erfahrungen mit dem Mut: Vor vielen Jahren hörte ich in der Nähe von München einen Vortrag von Hyemeyohsts Storm, einem Native American, der hier in Deutschland Seminare gab und sein Wissen über das Medizinrad vermittelte. Er war sehr provokant und bezeichnete seine Zuhörer immer wieder als träge und faul. Ein Teil der Anwesenden nickte zu allem, was er sagte, bestätigend. Ich hingegen wurde immer wütender, weil ich es als eine Frechheit empfand, alle Anwesenden so über einen Kamm zu scheren. Ich meldete mich und brachte meinen Ärger zum Ausdruck. Er begrüßte meinen Mut und forderte mich auf, nach vorne zu kommen, um mit ihm darüber zu diskutieren. Ich schlug sein Angebot aus, begründete meinen Ärger aber noch in ein paar Sätzen. In der Pause ging ich zum Hyemeyoshsts, um mit ihm unter vier Augen über meinen von ihm ausgelösten Ärger zu sprechen. Auf dem Weg zu ihm kamen mir einige Teilnehmer entgegen, klopften mir auf die Schulter und sagten: „Das hast du gut gemacht!" Über diese Reaktionen war ich erstaunt. Warum war kein anderer auf die Idee gekommen, die Stimme für sich selbst zu erheben? Als Hyemeyohsts und ich ins Gespräch kamen, sagte er, dass er eine Reaktion wie die meine beabsichtigt hatte. Er wollte uns bewusst so lange provozieren, bis wir den Mut finden würden, für uns selbst einzustehen und uns nicht einfach alles an den Kopf schmeißen zu lassen. Auch dann nicht, wenn es von einem Indianer oder einem anderen spirituellen Lehrer kommt.

An diese Begebenheit muss ich immer wieder denken. Auch dann, wenn mir sehr unhöfliche, egozentrische, übergriffige oder provokante spirituelle Lehrer begegnen und ihre Schüler sich mehr oder weniger alles bieten lassen.

Wenn ich Zeuge einer Situation werde, in der ein Lehrer besonders verletzend oder übergriffig reagiert, frage ich mich immer wieder: Wann wird dieser Schüler wohl den Mut fassen, sich nicht mehr alles gefallen zu lassen? Dann frage ich mich auch: Wann wird dieser Schüler den Mut finden und sein eigenes Leben selbstverantwortlich in die Hand zu nehmen? Wann wird dieser Mensch den Mut haben, die spirituelle Arbeit, die kein anderer für uns tun kann, selbst zu machen?

Wollen wir eine tatsächliche, tiefgreifende Transformation auf dem spirituellen Weg erleben, dann sollten wir uns an den Rat des Mathematikers Jacob Bronowski halten: „Es ist wichtig, dass die Studenten etwas von der Respektlosigkeit eines Straßenjungen in ihr Studium mitbringen. Sie sind nicht hier, um das bereits Bekannte anzubeten, sondern um es zu hinterfragen."[46]

Eine Weisheit, die Sie auf Ihr Herz legen können:

„Haben Sie den Mut, sich ins Leben zu stürzen, Risiken einzugehen, Rückschläge einzustecken, in dem Wissen, dass Sie dem Spiel der Gegensätze ausgesetzt sein werden, also Erfolg und Scheitern, Glück und Unglück, Lob und Tadel."

Arnaud Desjardins

25

Mutkarte Nr. 1

Gehen Sie an die Orte, die Sie fürchten

Gestehe deine verborgenen Schwächen ein.
Nähere dich dem, was du abstoßend findest.

– Machik Labdrön –

ÜBUNG: Sind Sie neidisch? Tendieren Sie zur Eifersucht? Leiden Sie unter Konkurrenzdruck? Wollen Sie besser, erleuchteter sein als Ihre besten Freunde? Richten Sie heute den Blick auf eine Ihrer Schattenseiten und machen Sie sich bewusst, wie diese Ihr Denken und Handeln beeinflusst.

Der buddhistischen Psychologie zufolge entsteht ein gesunder Geist durch heilsame Geisteszustände. Deshalb empfiehlt sie uns, nicht bei der Identifikation mit den Geistesinhalten zu verweilen, sondern einen Schritt zurückzutreten und unsere Geisteszustände zu beobachten, zu lernen, alles loszulassen, was uns belastet, und das zu stärken, was uns glücklich macht. Aber ein solcher Schritt setzt einen großen Mut voraus. Denn wir sind so sehr mit unseren Gedankeninhalten identifiziert, dass es uns schwerfällt, zu unserem Neid, Zweifel, unserer Dumpfheit, Schamlosigkeit oder unserer fehlerhaften Wahrnehmung zu stehen. Auf dem spirituellen Weg begegnen mir immer wieder Menschen, die sich sehr schwer damit tun, zu ihrer Eifersucht, Sex- oder

Kontrollsucht, ihrer Angst, Verletzbarkeit, ihrem Hochmut oder ihrer Unwissenheit zu stehen. Dabei sind dies alles menschliche Geisteszustände. Und eben weil sie so weit verbreitet sind, haben fast alle buddhistischen Methoden das Ziel, unheilsame Geisteszustände aufzugeben und heilsame zu kultivieren. Aber dazu braucht es natürlich von unserer Seite den Mut, erst einmal das zu uns zu nehmen, was wir gerne loswerden möchten.

Wagen Sie einen Blick auf Ihre eigenen Gedanken und Gefühle. Denn meistens sind wir unserer selbst so wenig bewusst, dass wir gar nicht merken, wann wir zornig sind, wann die Angst uns regiert, wann die Wut uns in ihrem Bann hat. Bringen wir hingegen den Mut auf, uns schwierigen Gefühlen zuzuwenden, wird das Leben leichter. Dann brauchen wir keine Energie mehr dafür aufzuwenden, jemand anderer sein zu wollen, als wir sind. Die Achtsamkeit ist ein guter Weggefährte, wenn es darum geht, Mut zu entwickeln. Sie wird Ihnen helfen zu bemerken, in welchen Situationen Sie die Tendenz haben, „Ja" zu sagen, obwohl Sie „Nein" meinen. Sich achtsam all Ihren Verlustängsten und Sorgen zuzuwenden, ist mutig. Es ist alles andere als einfach.

Wenn Sie die Übung vertiefen wollen, dann fragen Sie die Menschen in Ihrem Umfeld, welche verschiedenen Gefühle sie an Ihnen wahrnehmen. Ein Blick von außen kann Ihnen manchmal ganz neue Einsichten auf sich selbst vermitteln. Vielleicht halten Sie sich selbst für gutmütig, werden aber als egoistisch wahrgenommen? Vielleicht glauben Sie selbst von sich, dass Sie nichts aus der Ruhe bringen kann, Ihre Kollegen hingegen empfinden Sie als jemanden, der schnell aus der Haut fährt. Eine solche Übung ist mutig. Sie ist aber auch lohnenswert, wenn Sie sich selbst immer besser kennenlernen werden.

26

Mutkarte Nr. 2

Glauben Sie an die Kraft in sich

Nur Mut! Glaub an dich.
Oft wissen wir nicht, wie viel Kraft in uns liegt.

– Mahatma Gandhi –

ÜBUNG: Fertigen Sie eine Liste Ihrer Stärken an. Dazu können gehören: Intelligenz, Ehrlichkeit, Verletzlichkeit, Authentizität oder Ihre Fähigkeit, das Gute in anderen Menschen zu erkennen und zu fördern. Richten Sie Ihre Aufmerksamkeit immer wieder und ganz bewusst auf Ihre Stärken.

Um mutig und voller Zuversicht durchs Leben zu gehen, ist es hilfreich, wenn Sie um die eigenen Stärken wissen. Leider richten wir unseren Fokus lieber auf unsere Schwächen und schämen uns sogar dafür, wenn wir auf unsere Stärken angesprochen werden. Um sich an schönen Dingen zu erfreuen, die zahlreichen Chancen zu nutzen, die das Leben Ihnen tagtäglich bietet, um sich selbst und andere Menschen zu schätzen und zu lieben, brauchen Sie innere Stärke. Sie brauchen keine Arroganz oder Hochmut, sondern Mut, der Ihnen hilft, zu Ihren Stärken zu stehen.

Ihre eigene, ganz persönliche Stärke kann sich auf vielfältige Weise zeigen. Manchmal ist es die Ausdauer, die es braucht, um Dinge fertig zu stellen. Oder aber Zurückhaltung, wenn es darum geht, anderen Menschen den Raum zu bieten, damit auch sie ihre eigenen Stärken entwickeln können. Denken Sie immer wieder an Ihre Stärken und richten Sie Ihre Aufmerksamkeit darauf. Machen Sie sich bewusst, wie wohltuend und bestärkend das sich anfühlt, sowohl in Ihrem Körper als auch in Ihrem Geist. Lassen Sie dieses Gefühl in Herz und Verstand einfließen, um es in Krisen als eine Ressource zur Verfügung zu haben. Denn so wusste der Buddha: Das Leben verschont uns nicht vor leidvollen Situationen, und deshalb kann man nicht früh genug damit anfangen, die positiven Seiten in sich selbst zu stärken, um solche Krisen gut durchzustehen.

27

Mutkarte Nr. 3

Glauben Sie mutig an Ihre eigenen Träume

Ganz gleich, wie beschwerlich das Gestern war,
stets kannst du im Heute von Neuem beginnen.

– Buddha –

ÜBUNG: Lassen Sie sich nicht vom ersten „Nein" bei einem Projekt, einer Verabredung oder bei der Realisation einer Vision entmutigen. Bleiben Sie dran. Stehen Sie immer wieder auf und fangen Sie jeden Tag mutig und zuversichtlich an.

Vertrauen in das eigene Bauchgefühl zu entwickeln, braucht Mut. Aber es ist dringend notwendig für ein wahrhaftiges Leben. Denn nur Sie selbst wissen, was gut für Sie ist. Wenn Sie den Mut haben, auf sich selbst zu hören, dann fühlt sich eine Entscheidung zutiefst richtig an, selbst wenn sie von außen betrachtet verrückt oder fahrlässig erscheint. Je mehr Sie lernen, in sich selbst zu vertrauen, desto leichter wird es Ihnen auch fallen, in das Leben und andere Menschen zu vertrauen. Laut Rick Hanson ist Vertrauen sogar in unserem Gehirn angelegt und stellt einen effizienten Weg dar, um Ressourcen zu sparen, weil wir nicht jedes Mal alles neu herausfinden müssen. Das innere Empfinden, in dem Sie sich auf das Vertrauen verlassen, integriert die präfrontale Logik, die limbische Emotion und die Erregung des Hirnstamms.[47] Wenn Sie kein Vertrauen in das Leben selbst hätten, hätten Sie dauernd Angst. Vertrauen unterstützt Sie im Umgang mit schwierigen Situationen, und der dazugehörige Mut wird Ihnen helfen, solchen Situationen ins Gesicht zu sehen.

Wenn Sie an Ihre Träume und an Ihre Visionen glauben, können Sie Unglaubliches bewirken. „Mit unseren Gedanken erschaffen wir unsere Welt", sagt der Dalai Lama. Es ist ein Ausdruck dafür, dass Ihnen die ganze Welt offen steht. Sie müssen nur den Mut haben, daran zu glauben. Wenn Sie eine Vision haben, die dem Wohl aller Wesen dient, dann geben Sie Ihrem Leben eine neue Richtung, die Ihnen unglaublich viel Energie zur Verfügung stellt. Sie werden in Kontakt kommen mit Ihren Ressourcen und Dinge möglich machen, von denen andere – und Sie selbst – vielleicht niemals zu träumen wagten. Sie müssen nur den Mut haben, sich eine Welt vorzustellen, in der es keine Kriege mehr und ein friedliches Miteinander gibt und Sie wieder im Einklang mit der Natur leben.

Es muss nicht immer die große Vision sein, die Sie antreibt. Vielleicht gibt es auch kleine Träume, die Sie gerne verwirklichen möchten. Fassen Sie noch heute den Entschluss, dieses Vorhaben zu realisieren. Es gibt keinen günstigeren Moment als den jetzigen! Seien Sie mutig!

28

Mutkarte Nr. 4

Der Angst ein Lächeln schenken

Es erfordert Mut,
sich der ganzen Bandbreite unserer Gefühle
und Emotionen zu stellen,
ohne darauf zu reagieren oder sie abzuschneiden.

– Jack Kornfield –

ÜBUNG: Schauen Sie Ihren Ängsten mutig ins Gesicht. Setzen Sie sich mit Situationen, Menschen oder Dingen, die Ihnen Angst machen, auseinander. Suchen Sie nach den Ursachen der Angst und vor allen Dingen nach Lösungen, wie Sie Ihre Ängste überwinden können.

Untersuchen Sie das, was Ihnen Angst macht. Und geben Sie dem, was Sie ängstigt, einen Namen oder ein Gesicht. Konfrontieren Sie sich mit Ihren Ängsten. Denn sobald Sie in der Lage sind, etwas, das Sie ängstigt, zu benennen, verliert es augenblicklich entweder ganz oder zum Teil seine Macht über Sie. Ein solch lösungsorientierter und mutiger Blick auf Ihre Ängste und deren Ursachen bringt viel Licht in Ihr Leben. Manchmal braucht es nur einen einzigen Moment der Achtsamkeit und der geistigen Klarheit, um zu erkennen, dass das, was Ihnen so viel Angst gemacht hatte, nicht mehr war als ein Gedanke, der einzig und alleine in

Ihrem Kopf entstanden war, aber mit der Realität nichts zu tun hat.

In dem Moment, in dem Sie den Mut haben, den Konflikten und Herausforderungen Ihres Lebens mutig ins Gesicht zu schauen, verlieren all die Gedanken, die Ihnen den Schlaf rauben und an Ihrem Herzen zerren, ihre Macht über Sie. Vielleicht ermutigt Sie diese Aussage von Mahatma Gandhi: „Nur Mut! Glaub an dich. Oft wissen wir nicht, wie viel Kraft in uns liegt." Sagen Sie sich Sätze wie diesen immer wieder innerlich vor. Denn um Ängsten zu begegnen, braucht es Kraft und Mut. Immer wieder aufs Neue. Denn Ängste sind zäh. Es braucht Ihr ganzes Mitgefühl und Ihre ganze Achtsamkeit. Es braucht auch Ihre Geduld und Ihr Vertrauen. Dies zu kultivieren lohnt sich, denn nur so verlieren wir nach und nach die Angst vor der Angst und können das Leben in seiner wunderbaren Vielfalt wieder neu erleben. Wenn Sie die Angst nicht mehr als etwas sehen, was Sie bedroht, sondern als etwas, an dem Sie wachsen können, dann kann es sogar ein sehr spannender Prozess sein, sich mit den eigenen Ängsten zu beschäftigen. Hier lohnt es sich, dem Rat des Dalai Lama zu folgen: „In welcher Situation wir uns auch befinden mögen, es ist immer möglich, sie unter positiven Gesichtspunkten zu betrachten." Ganz praktisch können wir unseren Ängsten begegnen, indem wir ihnen mutig wie ein Buddha Schritt für Schritt entgegentreten.

Achter Aspekt: Freude erleben

In den Fußstapfen Buddhas und seiner Schüler: Laut Buddha und der buddhistischen Psychologie ist Freude einer der heilsamen Geisteszustände, die dazu führen, dass wir glücklicher sind. Freude können wir genauso wie Achtsamkeit durch Übung kultivieren. Die Wurzeln der Freude sind Weisheit, Liebe und Großzügigkeit. So wie Sonnenlicht den Nebel langsam auflöst, so sorgt die Präsenz von Freude dafür, dass unheilvolle Zustände vergehen. Eine wichtige Erkenntnis in diesem Zusammenhang ist, dass heilsame und unheilsame Geisteszustände sich gegenseitig ausschließen. Diese Aussage verdeutlicht, dass wir unserem Geiz, Hass, Neid, unserer Tollkühnheit und Engstirnigkeit *nicht* ausgesetzt sind! Durch die Praxis der Freude sind wir in der Lage, negative Zustände zu transformieren. Ist Freude vorhanden, hat Wut keinen Raum mehr. Ist Freude da, hat die Angst keinen Platz.

Freude als Lebensprinzip: Die Fähigkeit der Selbstreflexion ist der Schlüssel zu mehr innerem Frieden. Alles, was es dazu braucht, ist die Bereitschaft, täglich achtsam Freude zu praktizieren und sich dabei immer wieder der eigenen Körperempfindungen, Gedanken und Gefühle bewusst zu werden. Erst dann, wenn wir lernen, den Blick auf uns selbst, den eigenen Geist zu richten, werden wir uns nach und nach der eigenen Zustände bewusst. Dann erkennen wir, dass es gar nicht die äußeren Umstände sind, die dazu führen, dass wir von unheilvollen Geisteszuständen umhergewirbelt werden, sondern dass wir selbst es ganz alleine sind, die uns zu dem machen, was wir denken und was wir tun.

Am Anfang ist es erschreckend festzustellen, wie fest verwurzelt unsere Gewohnheit hinsichtlich unserer Gedanken ist. Wir werden auch merken, wie lange es dauern kann, schmerzvolle Gedanken durch freudvolle zu ersetzen. Die Neurowissenschaft hat in letzter Zeit zahlreiche interessante Untersuchungen veröffentlich, in denen deutlich zum Ausdruck gebracht wird, dass unsere früheren Reaktionen auf der Oberfläche unserer Gehirnzellen quasi eingraviert sind und regelrechte Neuronenpfaden bilden. Dadurch ist die Wahrscheinlichkeit, auch auf neue Situationen genauso pessimistisch, verärgert, wütend oder ängstlich zu reagieren wie auf bekannte Ereignisse, sehr groß. Deshalb braucht es unsere ungeteilte Achtsamkeit, um uns aus diesen alten Bahnen zu befreien. Aber eine Änderung ist tatsächlich möglich! Wir müssen es nur wollen.

Auch wenn es ein Prozess ist, der nicht von heute auf morgen gelingt, und wir manchmal barfuß zwei Schritte vor und einen zurückgehen, so ist es immer wieder eine wundervolle Erfahrung, wenn wir irgendwann dann realisieren, dass wir nicht mehr so schnell in die Luft gehen und mit mehr Freude und Gelassenheit reagieren, auch wenn mal nicht alles nach Plan läuft. Wir sind nicht die Opfer unseres Geistes. Wir können uns entscheiden, mehr Freude in unser Leben zu lassen, anstatt immer nur den Blick auf das Negative zu richten. Wir können nach und nach zu einem tiefen inneren Frieden gelangen. Die Einzigen, die uns wirklich daran hindern, sind wir selbst.

Es gibt viele Menschen, die sich sehr schwer damit tun, Freude in ihr Leben zu lassen. Egal ob es um spirituelles

Wachstum geht oder um beruflichen Erfolg. Sie meinen, alles schwer verdienen und hart arbeiten zu müssen. Dass es auch freudvoll zugehen darf, vergessen sie gerne. „Ohne ein Verständnis dafür, wie wichtig es ist, glücklich zu sein, kann der Versuch eines spirituellen Lebens rasch zu einer trostlosen Pflichtübung ausarten oder als endliches Selbstverbesserungsprojekt missverstanden werden", schreibt Jack Kornfield in dem Vorwort zu dem Buch „Freude" von James Baraz.

Freude ist uns angeboren und Grundbestandteil unseres Bewusstseins. In ihr spiegelt sich unsere wahre Natur wider, ein zeitloser, unverletzter, unsterblicher und reiner Geist, der in allen Menschen gleichermaßen lebt. Freude verleiht unserem Leben die Würze und schenkt ihm die Farbe, die es braucht, um den negativen, frustrierenden und traurigen Erfahrungen im Leben eines jeden Menschen entgegenzuwirken. Je mehr wir also in der Lage sind, sie zu kultivieren, desto leichter wird es uns fallen, mit den leidvollen Erfahrungen umzugehen. Dann wiegt eine Krankheit im Angesicht einer blühenden Blume nicht mehr ganz so schwer. Unsere Freude hängt von uns selbst ab und will von uns kultiviert werden. Vorhanden ist sie ja bereits, weil Lebensfreude unser natürlicher Zustand ist. Es heißt sogar, dass sie die Essenz unseres Seins ist. Im Stress des Alltags vergessen wir dies aber leider all zu schnell. Halten wir jedoch inne, dann erkennen wir die wahre Quelle unseres Glücks.

Beginnen wir, die alltäglichen großen und kleinen Probleme, mit denen wir konfrontiert werden, nicht mehr als Schicksalsschläge, sondern als Herausforderungen zu sehen, die wir meistern können, öffnen wir ein wichtiges Tor zur

Lebensfreude. Dann werden wir unabhängig von Kritik oder verbalen Tiefschlägen anderer. Denn tief in uns ist unabhängig von allem ein unermesslicher Schatz an Wissen und eine unendliche Quelle tiefer Lebensfreude.

Natürlich gibt es Menschen, die sich leichter tun, Freude zu empfinden, als andere. Aber, und das beweisen neue Forschungsergebnisse von Richard Davidson an der University of Wisconsin, das Gehirn eines *jeden* Menschen ist in der Lage, sich zu verändern und zu entwickeln. Das heißt also, dass jeder Mensch, egal ob wir uns als freudvoll, optimistisch, zuversichtlich, ängstlich oder pessimistisch einstufen, die Fähigkeit hat, sein Gehirn zu verändern und positive Eigenschaften wie Freude zu kultivieren. Wir müssen es nur tun. Fangen Sie also am besten jetzt damit an. Denn das Leben ist viel zu kurz und viel zu schön, als dass man es mit negativen, traurigen, getrübten Gedanken verschwenden sollte.

Persönliche Erfahrungen mit der Freude: Vor vielen Jahren arbeitete ich als Ghostwriterin für eine spirituelle Lehrerin. Drei Monate lang trafen wir uns jedes Wochenende, um das Buch zu schreiben. Jedes Mal, wenn wir zusammen saßen, sagte sie mit einem lauten Seufzer: „Ach, ist das mühevoll, ein Buch zu schreiben! Ach, ist das mühevoll!" Ich versuchte ihr die Arbeitszeit zu versüßen, indem ich sie wissen ließ, wie groß die Freude der Autoren normalerweise ist, das fertige Buch in den Händen zu halten. Ich erzählte ihr auch, dass man dann nur noch stolz ist über die Leistung, die man vollbracht hat, und die ganze Anstrengung vergessen hat. Sie schien meine Aufmunterungen aber jedes Mal zu überhören und sagte gleich noch einmal: „Ja, aber es ist trotzdem ganz schön mühevoll!" Als das erste Buch frisch aus der Druckpresse kam, lud ich die Autorin zum Essen ein, weil ich das Erscheinen ihres Buches mit ihr feiern wollte. Dabei genieße ich immer wieder den Blick eines Autors, wenn er über das ganze Gesicht strahlt und sich über sein Werk freut. Als diese Autorin zu mir kam, nahm sie das Buch in die Hand, verzog ihr Gesicht mit angestrengter Mimik und sagte: „Ach, war das mühevoll! Ach, war das mühevoll!" Im ersten Moment dachte ich, dass sie mich auf den Arm nehmen wollte, aber dann realisierte ich, dass ihre Reaktion ernst gemeint war.

Eine Weisheit, die Sie auf Ihr Herz legen können:

„Freude gehört zu jedem von uns und ist uns ebenso angeboren wie die Fähigkeit, eine Sprache zu erlernen oder Liebe zu empfinden."

James Baraz[48]

29

Freudekarte Nr. 1

Nehmen Sie sich Zeit für freudvolle Dinge

Die meisten Dinge, die uns Freude machen,
sind weder kompliziert
noch kostspielig.

– James Baraz –

ÜBUNG: Nehmen Sie sich heute immer wieder Zeit, um Dinge zu finden, die Sie erfreuen. Sie werden erstaunt sein, wie viele es sein können! Eine blühende Blume. Das Kompliment Ihres Kollegen. Ein fröhliches Lied im Radio. Eine Situation, über die Sie mit einem Freund herzhaft gelacht haben.

Die buddhistische Psychologie rät uns, dass wir den Blick weg von den negativen Gedanken hin auf freudvolle und positive Gedanken richten. Dadurch verstärken wir positive Qualitäten in uns und schwächen negative Eigenschaften. Da unser Gehirn im Allgemeinen stärker auf einen negativen Stimulus reagiert als auf einen positiven, ist es wichtig, dass wir positive Eigenschaften wie Glück, Dankbarkeit und Freude kultivieren. Wenn wir etwas Schönes erleben – entweder etwas, das gegenwärtig passiert oder etwas, auf das wir uns freuen oder das in der Vergangenheit geschehen ist – dann rät uns die buddhistische Psychologie, diese Erfahrung mit jeder Faser unseres Körpers aufzusaugen und zu genießen. Im Verlaufe eines Tages geschehen so viele schöne Dinge, über die wir uns freuen könnten, aber wir nehmen sie nicht richtig wahr, genießen den Moment nicht und lassen uns nicht wirklich berühren.

Genießen Sie Ihr Leben. Überlegen Sie sich, was Sie darin unterstützen könnte, mehr Freude in Ihr Leben zu bringen. Erfreuen Sie sich zum Beispiel an der Schönheit. Wenn Sie offen dafür sind, kann Schönheit Ihnen überall begegnen. Sie müssen nicht unbedingt in ein Konzert gehen, sich eine Ausstellung ansehen oder ein Gourmetmenü bestellen. Sie können auch in ganz einfachen Dingen die vollkommene Schönheit des Lebens entdecken. In einer Blume, die ganz langsam aufgeht und blüht. Einem Reh am Waldrand, das vorsichtig zu Ihnen hinüberschaut. Einem Kind, das lacht. Einem Straßenmusiker, der aus ganzem Herzen spielt. Einem jungen Hund, der mit seinen tapsigen Bewegungen das Herz der Passanten im Sturm erobert. Einer Weisheit, die wir in einer Zeitschrift lesen. Einem schönen Roman, der uns durch seine Sprache gefangen hält. Für ein paar offene Augen ist die Schönheit allgegenwärtig. Welche Dinge sind für Sie heute besonders schön? Welche Aspekte des Lebens sind für Ihre Ehefrau, Ihren Nachbarn, Arbeitskollegen oder Schwiegervater von Schönheit? Wir haben auch hier die Wahl, worauf wir unseren Blick richten. Wir können wählen, ob wir uns mit unserem Arbeitskollegen in der Mittagspause über unseren mürrischen Chef unterhalten oder ob wir von der Schönheit der Berge erzählen, in denen wir eine Wanderung unternommen haben.

Die meisten Menschen sind sich der mannigfaltigen Schönheit in ihrem Leben gar nicht bewusst. Entscheiden wir uns aber einmal dafür, mehr Freude in unser Leben zu bringen, dann werden wir anfangen, die Welt mit den Augen eines Kindes zu erleben. Anfangs mag es ungewohnt sein, wenn wir absichtsvoll nach Schönheit in unserem Leben suchen müssen. Aber irgendwann werden Sie spüren, dass es in Ihnen zu einer Aufmerksamkeitsverlagerung gekommen ist und Sie wie von selbst den Fokus auf das Schöne um sich herum richten.

Wenn Ihnen der Blick auf die Schönheit Freude bereitet, dann nehmen Sie sich jeden Abend vor dem Schlafengehen ein paar Minuten Zeit und überlegen Sie sich, wo und wann Ihnen im Verlauf des Tages schöne Dinge, schöne Menschen, Momente, Gerüche, Klänge, Düfte begegnet sind. Sammeln Sie schöne Momente und lassen Sie zu, dass die Freude, die durch die Erinnerung daran entsteht, sich in jeder Zelle Ihres Körpers ausbreitet und sich dort verankert.

30

Freudekarte Nr. 2

Tun Sie es mit Freude

Es gibt keine große und schwierige Aufgabe, die sich nicht in kleine, leichte Aufgaben unterteilen ließe.

– Buddhistisches Sprichwort –

ÜBUNG: Ändern Sie heute Ihre Haltung den Tätigkeiten gegenüber, die Sie normalerweise nicht gerne tun: Rechnungen bezahlen, Geschirr spülen, aufräumen oder E-Mails abarbeiten. Fassen Sie die Absicht, dass jede dieser Tätigkeiten mehr Freude in Ihr Leben bringt.

Wie wäre es, wenn Sie sich nicht mehr über eine Rechnung ärgern, sondern sich darüber freuen, dass ein anderer Mensch Geld verdient und dadurch seine Familie versorgen, sich etwas Gutes leisten und durch Ihre Mithilfe das Leben ein bisschen mehr genießen kann? Nach buddhistischer Sicht wäre dies ein äußert lobenswerter Ansatz, weil Sie dann eine der vier noblen Tugenden praktizieren würden. Mitfreude heißt, dass wir unsere Fähigkeit kultivieren, eine freudige Anteilnahme für das Glück anderer zu entwickeln. Der Widersacher von Mitfreude ist der Neid. Laut Ayya Khema ist Freude, mit anderen zu empfinden, das beste Gegenmittel gegen Depression. Ihrer Ansicht nach fehlt jedem Menschen, der depressiv ist, das Gefühl der freudigen Anteilnahme. Dadurch wird auch verständlich, dass Menschen, die reich sind, sich am Reichtum aber nur erfreuen können, wenn sie noch reicher als ihre Nachbarn sind. Sie können sich nicht wirklich freuen, wenn es anderen Menschen besser geht. Derjenigen aber, der sich auch dann freuen kann, wenn es einem Konkurrenten oder anderen Menschen gut geht und vielleicht einmal ein anderer Glück erfährt statt man selbst, findet stets in sich selbst Glück.

In Momenten, in denen Sie damit konfrontiert werden, dass ein anderer Mensch die Wohnung bekommt, die Sie gerne gemietet hätten, oder die Arbeitsstelle erhält, nach der Sie sich gesehnt hatten, oder die Liebe eines Menschen gewinnt, in den Sie sich verliebt hatten, ist es natürlich schwierig, sich für den anderen zu freuen. Das verlangt dann schon eine gewisse Größe, das Herz weit werden zu lassen. In solchen Momenten werden Sie wahrscheinlich mit starken Gefühlen von Verlust, Ärger, Missgunst und Neid konfrontiert. Dann fällt es Ihnen wahrlich nicht leicht, Freude zu empfinden. Vielleicht sind Sie enttäuscht und machen sich Gedanken darüber, dass Sie nicht liebenswert oder nicht gut genug sind. Aber ist es Ihnen nicht auch schon passiert, dass Sie im ersten Moment zwar enttäuscht waren, sich aber bereits ein paar Monate später eine neue Arbeitssituation ergeben hat, die Ihnen viel mehr entsprochen hat als das Angebot, das Sie nicht bekommen hatten? Wenn Sie achtsam sind, können Sie außerdem erkennen, dass sich auch Gefühle des Neids, der Enttäuschung und des Verlusts wandeln. Ja, Sie selbst haben sogar die Möglichkeit, diese Gefühle in sich selbst aktiv zu wandeln und zwar durch die Mitfreude. Wenn Sie sich für andere Menschen freuen können, dann erleben Sie eine ganz neue Form des Miteinanders.

Nach buddhistischer Ansicht bringt es auch gutes Karma, wenn man anderen Menschen etwas Gutes tut und sich daran erfreut. Der buddhistische Lehrer Han Shan erzählte in einem Vortrag davon, dass die Menschen in Thailand große Freude daran haben, ihn auf seinen Bettelgängen alles Mögliche eine Köstlichkeiten in die Bettelschale zu legen. Es ist für sie sogar eine große Gelegenheit, ihr eigenes Karma zu verbessern. Ist ein solcher Ansatz nicht viel schöner, als wenn man sich gegenseitig das Leben schwermacht, sich gegenseitig Steine in den Weg legt und dem anderen nichts gönnt?

31

Freudekarte Nr. 3

Die Perspektive wechseln

Wir können die Welt als fehlerhaft
oder als wunderbar betrachten:
Alles liegt in unserem Denken.

– Dalai Lama –

ÜBUNG: Streichen Sie Begriffe aus Ihrem Wortschatz, die Ihnen ein Gefühl von Schwere, Zwang oder Reglementierung vermitteln, wie zum Beispiel: „ich muss", „ich soll". Ersetzen Sie solche Worte durch positive Redewendungen wie: „ich darf", „ich kann" oder „ich freue mich darauf, dieses oder jenes zu tun".

Der Buddha erforschte bereits vor zweieinhalbtausend Jahren die Funktionsweise unseres Geistes. Während seiner Meditationen erkannte er, dass es zwei unterschiedliche Kategorien von Gedanken gibt. Solche, die Leid verursachen, und solche, die Glück verursachen. Zur ersten Gruppe zählte er Gedanken, die um Gier, Übelwollen und Grausamkeit kreisen. Er erkannte, dass sie sowohl zum eigenen Leid führen, als auch bei anderen Menschen Leid verursachen können. Zu den Gedanken, die Glück verursachen, zählen solche, in denen sich Mitgefühl, Zufriedenheit und Freundlichkeit äußern. Sie sind nicht nur unschädlich, sondern führen auch zum Glück.

Welche Gedanken sich in uns bilden, können wir nicht beeinflussen, so der Buddha. Aber, so lautet die gute Nachricht, wir können beeinflussen, ob wir uns länger damit beschäftigen oder nicht. Deshalb spielt die Achtsamkeit in der buddhistischen Psychologie eine so wichtige Rolle. Denn indem wir uns darin üben, in jedem Augenblick achtsam wahrzunehmen, was in unserem Geist geschieht, können wir jene Gedanken kultivieren, die zu unserem Wohlbefinden und zu unserer Freude beitragen. Sind wir achtsam, können wir all jene Gedanken loslassen, die unsere Zufriedenheit unterhöhlen, und unsere Erfahrung aus einer neuen, angenehmeren Perspektive lenken.

Nachdem der Buddha seinen Schülern von den beiden Kategorien von Gedanken erzählt hatte, erklärte er ihnen, dass es möglich ist, den Geist zu schulen und ihn in eine positive Richtung zu lenken: Das, woran der Übende häufig denkt, wird zur Neigung des Geistes."[49] Mit anderen Worten bedeutet dies, dass wir unsere Denkgewohnheiten verändern können, indem wir etwas wiederholen. Das gilt sowohl für negative, als auch für positive Gedanken. Entscheiden wir uns dafür, solchen Gedanken Energie zu geben, die uns Freude bereiten, Kraft schenken und Mitgefühl oder Freundlichkeit für uns selbst und andere bedeuten, neigt sich unser Geist zunehmend in diese Richtung. Achtsamkeit hilft uns, auszuwählen und in eine wohlwollende Richtung zu lenken, damit wir weniger leiden und mehr Freude in unserem Leben empfinden.

Wenn wir lachen, bringen wir mehr Freude in unser Leben, denn dann geht es uns gleich besser. Ein Lachen macht uns nicht nur attraktiver, es wirkt sich auch körperlich positiv auf uns aus, denn bereits durch ein Lächeln wird die Stressreaktion beruhigt und es werden positive neurochemische Substanzen wie Dopamin und Endorphine freigesetzt. Forschungen haben darüber hinaus auch gezeigt, dass ein Lächeln, unabhängig davon, wie man sich innerlich fühlt, diesen lächelnden Menschen dazu bringt, die Welt positiver einzuschätzen und mehr Freude in sein Leben zu lassen. Darum ist es auch ratsam, sich lieber mit Menschen zu umgeben, die selbst gerne lachen und leben, anstatt mit Menschen zusammen zu sein, die in jeder Suppe ein Haar finden.

32

Freudekarte Nr. 4

Freuen Sie sich auf bessere Zeiten

Mitten im Winter habe ich erfahren,
dass es in mir einen unbesiegbaren Sommer gibt.

– Albert Camus –

ÜBUNG: Alles ist vergänglich - auch das Leid. Machen Sie sich bewusst, dass leidvolle Erfahrungen zum Leben gehören. Jeder Mensch erlebt sie - und überlebt sie. Sie sind Teil unserer menschlichen Existenz. Machen Sie sich bewusst, dass auch diese Erfahrung vorübergehen wird. Freuen Sie sich ganz bewusst auf bessere Zeiten!

Die Aufforderung, sich in schweren Zeiten zu freuen, klingt wie Hohn. Denn wie viel leichter ist es, sich in Zeiten, in denen es uns gut geht, zu freuen und dies auch zu kultivieren. Aber wie viel wichtiger ist es, den Kopf nicht in den Sand zu stecken, wenn wir in einer Krise stecken. Egal ob sie klein, groß, selbstgemacht oder existenziell ist.

Wenn wir eine Krise haben, eine Diagnose erfahren, verlassen werden, dann kann sich unsere scheinbar so heile Welt in einem Bruchteil von Sekunden auf den Kopf stellen. Tag für Tag halten wir unsere Gesundheit für selbstverständlich, unsere Lebenszeit für unendlich und unsere Beziehungen für dauerhaft. Dabei wird jeder Mensch –

nach Ansicht des Buddha – früher oder später mit leidvollen Erfahrungen konfrontiert. Ja, sie gehören einfach zum Leben dazu. Dies machen die Vier Edlen Wahrheiten mehr als deutlich.

Leidvolle Erfahrungen können sehr unterschiedlich sein. Wir jammern auf hohem Niveau, gemessen an dem, was anderen Menschen in Kriegs- oder Krisengebieten an Leid widerfährt. Hier ist es hilfreich, die Perspektive zu wechseln und zu sehen, dass wir die Umstände oft viel schlimmer bewerten, als sie wirklich sind. Natürlich gibt es auch immer wieder tragische Erfahrungen, bei denen wir das Gefühl haben, dass das Leben ungerecht ist, uns selbst oder einen anderen Menschen so viel Leid erfahren zu lassen. In der Süddeutschen Zeitung gab es zu Weihnachten einmal einen Artikel über das Älterwerden. Zwei Menschen berichteten darüber. Eine 89jährige Frau hatte körperlich mit vielen Problemen zu kämpfen. Aber sie fand jeden Tag etwas Neues, an dem sie sich erfreuen konnte. Ein 80jähriger Mann hingegen, der körperlich noch gesund und rüstig war, hatte seinen Blick nur auf das Negative gerichtet. Er hatte Zeit seines Lebens das Gefühl gehabt, zu kurz gekommen zu sein. Für ihn bestand das Leben nur aus schrecklichen und negativen Erfahrungen. Das Wort Freude war ihm vollkommen fremd.

Dieser Artikel zeigt, dass wir selbst die Wahl haben, wie wir mit unserem Leben umgehen. Ob wir in dunklen Zeiten die Kerzen ausblasen, die für uns scheinen, oder ob wir uns an ihrem Licht erfreuen wollen, liegt an uns selbst. Wir können natürlich auch versuchen, leidvolle Erfahrungen zu meiden oder zu leugnen, darüber bitter zu werden oder uns über sie zu ärgern. Wir können es auch ertragen oder resignieren. Oder aber wir können entdecken, dass es einen anderen, heilvolleren und freudvolleren Weg gibt, der uns offen macht für den Wachstumsprozess, der in einer solchen Erfahrung steckt, und für die Bereicherung, die wir dadurch erleben.

Neunter Aspekt: Glücklich werden

In den Fußstapfen Buddhas und seiner Schüler: Beim Dhammapada handelt es sich um eine Sammlung der Lehren des Buddha. Es sind insgesamt 423 Verse, in denen der Erwachte auf die Bedeutung des Geistes eingeht und erklärt, wie wir zu wahrem Glück kommen können: Punkt 1: Alle Dinge entstehen im Geist, sind unseres mächtigen Geistes Schöpfung. Rede mit unreinem Geist, handle mit unreinem Geist, und Leiden wird dir folgen, wie das Rad dem Fuß folgt, der den Wagen zieht. Punkt 2: Alle Dinge entstehen im Geist, sind unseres mächtigen Geistes Schöpfung. Rede mit reinem Geist, handle mit reinem Geist, und Glück wird dir folgen, wie der Schatten dem Körper folgt, und nicht weicht."

Der Buddha sprach über vier verschiedene Arten von Glück. Die Erste wird ausgelöst durch Sinneskontakte. Laut Ayya Khema, einer buddhistischen Nonne, verweilen die meisten Menschen in diesem Glück. Die zweite Art wird als göttliches Glück bezeichnet und von einem solchen Menschen erfahren, der die vier göttlichen Verweilzustände, die auch als die vier noblen Tugenden bezeichnet werden, entwickelt hat: Liebende Güte, Mitgefühl, Mitfreude und Gleichmut. Dieser Zustand wird gerne mit dem Himmel auf Erden verglichen. Das Glück der Sammlung ist die dritte Art und entspringt der Meditation. Das größte Glück wird laut Buddha als das Glück der Einsicht in das reine Bewusstsein bezeichnet und ist unwiderruflich, weil die Einsicht auf die Vergänglichkeit,

Unerfüllbarkeit und das Nicht-Selbst, die Buddhanatur gerichtet ist.[50] Diese Definition von Glück zeigt, dass wir, je mehr wir unseren Geist, unser Dasein und Bewusstsein durchdringen, desto glücklicher werden.

Wahres Glück ist von nichts abhängig. Es ist einfach präsent. Dies zeigt auch die folgende Geschichte:

Der glückliche Mönch

Einst begegnete mir ein buddhistischer Lehrer, der von der Ausstrahlung eines tibetischen Lamas fasziniert war. Er erzählte mir: „Wann immer ich die Gelegenheit habe, diesen großen Lama zu sehen, so fahre ich nicht zu ihm, um seine Lehre über das Glück zu hören, sondern nur um ihm in die Augen zu schauen, in denen ich erkennen kann, dass das bedingunglose Glück in seinem Herzen wohnt."

Glück als Lebensprinzip: Die buddhistische Psychologie ist darauf angelegt, dass wir das Glück in uns selbst finden. Sie weiß, dass es sinnlos ist, sich an Glück zu klammern, dass uns durch andere Menschen oder materiellen Wohlstand gegeben wird. Sie weiß um die Vergänglichkeit von all dem, was uns momentweise, tageweise oder längerfristig scheinbar glücklich macht. Dieses Wissen bestätigen auch neuere Untersuchungen, die ergeben haben, dass Glück und Geld nur bis zu einem gewissen Grad miteinander zu tun haben. Geld macht nur solange glücklich, bis die Grundbedürfnisse gedeckt sind. Andere Forschungen haben gezeigt, dass die meisten reichen Menschen nur dann glücklich sind, wenn sie deutlich mehr besitzen als ihre Nachbarn. Auch scheint man sich an Reichtum schnell zu gewöhnen, so dass er langfristig nicht wirklich einen Weg zum wahren

Glück bahnt. Wieder andere Untersuchungen zeigen auf, dass die deutschen Jugendlichen – etwa im Vergleich zu griechischen Gleichaltrigen – immer unglücklicher werden. Den deutschen Kindern geht es zwar materiell besser, aber sie sind auch isoliert. Auch wenn sie scheinbar mehr „Freunde" haben. Aber tatsächlich fehlt ihnen ein reales stabiles soziales Netzwerk und menschliche Nähe.

Um aus uns selbst heraus glücklich zu werden, vermittelt die buddhistische Psychologie zahlreiche Übungen und Meditationen, die wir ohne großen Aufwand durchführen können. Sie unterstützen uns darin, ein Gefühl von Selbstwert, Resilienz, Wohlbefinden, Einsicht und innerem Frieden zu entwickeln und, damit einhergehend, dem Gefühl, bedingungslos glücklich zu sein. Es sind oft kurze Übungen, die wir in ihrer Wirksamkeit auf den ersten Blick vielleicht unterschätzen. Aber die erfahrungsabhängige Neuroplastizität hat gezeigt, dass solche Übungen nach und nach unser Gehirn umstrukturieren und uns helfen stabiler, entspannter und glücklicher zu werden.

Die Grundlage der buddhistischen Psychologie ist, dass wir uns selbst Gutes und Glück wünschen, weil dann alles, was wir für uns selbst tun, auch für andere zu einer tiefen Kraft wird. Das Potential dazu besitzt jeder von uns. Unser Gehirn und unseren Geist! Wenn wir sie nutzen, werden wir inneres Glück erfahren. Und das kann uns im Gegensatz zu äußerem Wohlstand niemand nehmen!

Persönliche Erfahrungen mit dem Glück: Seit vielen Jahren habe ich immer wieder sporadischen Kontakt zu einer früheren Schulfreundin. Nachdem ihre Ehe gescheitert war, lebte sie zusammen mit ihrem Sohn in der Nähe von Basel in einem wunderschönen Haus mit großem Garten. Das Haus hatte ihr Exmann ihr überlassen. Von außen betrachtet hatte sie alles, was einen glücklich machen könnte. Ihre Praxis lief gut, sodass sie – wie ich wusste – auch viel Geld gespart hatte. Trotzdem vermittelte sie mir in Telefonaten immer das Gefühl, als würde es ihr an Geld fehlen. Dann starb ihre Mutter. Ich wusste aus unserer gemeinsamen Schulzeit, dass ihre Eltern sehr vermögend gewesen waren. Als ich sie nach dem Tod ihrer Mutter am Telefon sprach, erzählte sie mir, dass ihre Mutter vor ihrem Tod sehr ausschweifend gelebt hätte. Etwas, was meiner früheren Schulfreundin missfiel. Denn, so sagte sie im ärgerlichen Ton: „Meine Mutter hat mir nur eine sechsstellige Summe vererbt!" Ich schluckte am anderen Ende der Leitung und war sehr betroffen darüber, dass jemand, der bereits über so viel materiellen Reichtum verfügte, immer noch so unzufrieden war mit dem, was der Himmel ihm schenkte. Ein Jahr später traf sie einen Millionär, den sie kurz darauf heirate. Aber wirklich glücklich wirkte sie nach der Trauung auch nicht.

Diese Erfahrung bestätigt, was viele Forschungen mittlerweile herausgefunden haben: Glück und Geld haben nur ganz bedingt etwas miteinander zu tun. Deshalb versucht die buddhistische Psychologie den Menschen klarzumachen, dass wahres Glück nur in uns selbst zu finden ist. Ganz unabhängig davon, was im Außen geschieht. Einer solchen Wahrheit zu folgen, ist natürlich schwer in einer Gesellschaft, in der uns permanent das Gefühl vermittelt wird, dass es etwas im Außen ist, was wir brauchen, um glücklich zu sein: ein neues Auto, ein neues Kleid, ein eigenes Haus oder eine ausgefallene Reise. Orientieren wir uns aber an dem Wissen, dass nur wir selbst es sind, die uns glücklich machen können, dann werden wir freier von äußeren Zwängen und erleben, dass das Glück, das wir in uns finden, uns einen unendlich größeren Reichtum beschert.

Eine Weisheit, die Sie auf Ihr Herz legen können:
„Es sind nicht die äußeren Dinge, die uns glücklich machen. Glück und Freude sind in Wahrheit eine Frage geistiger Einstellung. Je ruhiger unser Geist ist und je friedvoller unsere Gedanken sind, desto eher werden wir das Leben genießen können und Glück empfinden. Auch dann, wenn uns die materiellen Mittel nicht zur Verfügung stehen, von denen wir unser vermeindliches Glück abhängig machen."
Dalai Lama

33

Glückskarte Nr. 1

Sammeln Sie die Momente des Glücks

Glück kann man nicht durch große Anstrengung und Willenskraft finden, es ist bereits da, wenn wir uns entspannen und loslassen.

– Lama Gendün Rinpoche –

ÜBUNG: Jedem Menschen wohnt ein tiefes, natürliches Glück inne. Auch Ihnen! Erinnern sie sich an eine Situation in Ihrem Leben, in der Sie besonders glücklich waren. Atmen Sie dieses Gefühl tief ein. Verankern Sie es in Ihren Zellen. Dann wird es schneller Ihrem Glück in Resonanz kommen und schwingen.

Die meisten von uns haben ihre Schwierigkeiten damit, glücklich zu sein. Das Negative nehmen wir unmittelbar wahr. Regnet es, beschweren wir uns über das kalte Nass. Scheint dann am darauffolgenden Tag endlich die Sonne, dann ist es ihnen zu warm. Nimmt uns jemand den Parkplatz weg, kann das unsere Laune in den Keller katapultieren. Bekommen wir nicht sofort das, was wir uns wünschen, reagieren wir mit Ärger. Aber all die guten Dinge, die in unserem Leben passieren, übersehen wir großzügig: Die Tatsache, dass wir in einem Land leben, in dem es keinen Krieg gibt, nehmen wir als selbstverständlich hin. Dass es ein großes Glück ist, zu jeder Tageszeit etwas zu Essen zu bekommen, ist den meisten Menschen nicht bewusst. Das Privileg, Krankenhäuser zu haben und sofort eine medizinische Versorgung zu erhalten, ist uns ebenfalls nicht bewusst. Stattdessen registrieren wir immer sofort das, was nicht stimmt, was fehlt oder wo irgendjemand oder irgendetwas Mängel aufweist.

Sollten auch Sie einen so genauen Blick für das Negative haben, hängt das damit zusammen, dass Ihr Gehirn – wie alle anderen Gehirne – von Natur aus eine Vorliebe für negative Erfahrungen hat, weil es vor langer Zeit für unser Überleben wichtiger war, Stöcke und Löwen zu bemerken, als sich an blühenden Blumen zu erfreuen.

Zum Glück kann die Achtsamkeit Ihnen hier helfen, weil Sie durch sie bemerken, worauf Sie Ihren Fokus richten. Schnell werden Sie dann übrigens selbst feststellen, wie sehr wir uns innerlich dagegen wehren, angenehme Erfahrungen zu machen, durch die wir glücklicher werden. Oftmals schießt uns unbewusst ein Gedanke dazwischen und erklärt uns, dass wir es eigentlich gar nicht verdient haben, glücklich zu sein. Oder dass Sie meinen, erst etwas dafür leisten zu müssen. Wenn Sie unsere christlichen Wurzeln betrachten, ist das auch kein Wunder. Schließlich sind wir ja dem christlichen Verständnis nach von Haus aus Sünder. Auch wenn diese Wurzeln zwar augenscheinlich nicht mehr so wirksam sind, so haben sie doch ganz subtile Auswirkungen auf uns.

Sobald Sie bemerken, dass es Ihnen schwerfällt, Momente, in denen das Glück Sie durchströmt, anzunehmen, sollten Sie sich wieder der schönen Erfahrung zuwenden und versuchen, sie mit all Ihren Sinnen wahrzunehmen und Ihren Geist davon erfüllt sein zu lassen. Und sobald

Sie bemerken, dass irgendetwas in Ihnen wieder anfängt zu kommentieren, dass Sie es nicht verdient haben, glücklich zu sein, wenden Sie sich erneut der schönen Erfahrung zu. Immer und immer wieder. Und nach Möglichkeit jedes Mal ein bisschen mehr, denn je länger Sie die Aufmerksamkeit darauf richten und je stimulierender dies emotional für Sie ist, desto mehr Neuronen werden aktiviert, vernetzen sich und vertiefen diese Erfahrung in unserem Gehirn[51]. Dies bedarf einer großen Achtsamkeit, denn alte Denk- und Verhaltensmuster haben sich sehr tief in unser Gehirn eingegraben und es erfordert sehr viel Aufmerksamkeit von uns, neue Wege zu ebnen. Aber je häufiger Sie den Blick auf das Positive richten, desto leichter wird es Ihnen fallen, sich an den Zustand des Glücks zu erinnern und dieses Gefühl aufrechtzuerhalten. Jeder von uns hat es verdient, glücklich zu sein. Auch Sie.

34

Glückskarte Nr. 2

Öffnen Sie sich für Ihr Glück

Es gibt keinen Weg zum Glück,
glücklich zu sein ist der Weg.

– Buddha –

ÜBUNG: Sagen Sie sich immer wieder mit einem Lächeln auf den Lippen: „Ich bin glücklich!" Sie haben es verdient! Unabhängig davon, was Sie leisten. Wiederholen Sie den Satz immer wieder. Es ist der erste Schritt, tiefes Glück zu kultivieren – sich frei von äußeren Umständen zu machen.

Wir alle streben nach Glück. Aber wissen wir alle eigentlich genau, was wir unter diesem Wunsch verstehen? Der buddhistische Mönch Matthieu Ricard bezeichnet Glück „als ein Lebensgefühl, einen Aspekt der Wirklichkeit, von dem die Qualität jedes einzelnen Augenblicks in unserem Leben abhängt" und beschreibt damit das bedingungslose Glück, das wir nur aus uns selbst heraus erlangen können. Für manche Menschen hingegen ist Glück aber nicht mehr als „ein momentanes, flüchtiges Gefühl, dessen Intensität und Dauer von der Verfügbarkeit jener Ressourcen abhängt, die es ermöglichen."[52] Damit ist aber genau jenes Glück gemeint, das wir durch äußere Umstände erlangen, und das wieder vergeht – wie alles im Leben.

Wie auch immer Sie Glück definieren, so ist ein wichtiger Aspekt, dass es sich dabei um ein Gefühl handelt, bei dem Sie vorübergehend den Fokus weglenken von negativen Gedanken, Gefühlen oder Körperempfindungen hin zu einem Gefühl des Einklangs mit sich selbst, der Natur und der Welt. Man ist vollkommen offen für das, was gerade passiert. Manchmal ist es nur für den Bruchteil einiger Sekunden, mal für länger: und alle Gedanken an die Vergangenheit und angstvolle Vorstellungen bezogen auf die Zukunft sind verschwunden. Der Geist verweilt stattdessen vollkommen im gegenwärtigen Moment, zufrieden mit dem, was ist, ohne etwas haben zu wollen oder etwas abzulehnen. Natürlich handelt es sich hierbei immer noch nur um Glücksmomente, die erreicht werden, wenn bestimmte äußere Umstände eingetreten sind. Aber es ist zumindest ein erster Schritt in die richtige Richtung hin zu jenem Glück, das keinem Wandel unterworfen ist. Diese kurzen Glücksmomente werden Ihnen einen ersten Geschmack davon vermitteln und Ihnen helfen zu erkennen, welche Umstände dies begünstigen. Wissen Sie erst einmal, was Ihnen nicht gut tut und Sie an Ihrem Glück hindert, haben Sie bereits einen wichtigen Schritt in Richtung Glück getan.

Jede Sinneserfahrung und der damit verbundene Bewusstseinsmoment löst in unserem Geist bestimmte Qualitäten wie Sorge, Aufregung, Stolz etc. aus. Laut Jack Kornfield entstehen diese Qualitäten zwischen den Sinnen und dem Bewusstsein und verleihen einer Erfahrung ihren ganz bestimmten Ausdruck. Es sind die Geisteszustände, die darüber entscheiden, ob wir Glück erfahren oder unglücklich sind. Wenn Sie sich in der Meditation der Beobachtung Ihrer Gedanken zuwenden, dann werden Sie vermutlich erkennen, dass Sie weitaus mehr unheilvolle und somit destruktive Gedanken wie Abneigung, Kritik, Angst, Hochmut, Ärger oder ähnliches denken als solche, die glücklich machen wie Achtsamkeit, Freude, Klarheit, Gleichmut und Freundlichkeit. Diese verschiedenen Geisteszustände werden in heilvolle und unheilvolle unterteilt. Zu den unheilvollen Zuständen zählen solche, die uns davon abhalten, Glück zu empfinden, wie zum Beispiel Sorgen, Sturheit, Gier, Hass, Geiz, Schamlosigkeit oder Dumpfheit. Achten Sie deshalb in Ihrer Meditation genau auf die Qualität Ihrer Gedanken und versuchen Sie glücksbringende Gedanken zu kultivieren.

35

Glückskarte Nr. 3

Kultivieren Sie Ihr Glück

Das Glück außerhalb von uns selbst zu suchen
gleicht dem Warten auf Sonnenschein
in einer nach Norden gelegenen Höhle.

– Tibetisches Sprichwort –

ÜBUNG: Benennen Sie vor dem Schlafengehen mindestens zehn Dinge, die Sie heute glücklich gemacht haben: gute Musik im Radio, Elektrizität, Sonnenaufgänge, ein funktionierendes Auto, ein offenes Ohr oder ein Mensch, der Sie liebt. Verweilen Sie bei dem guten Gefühl, das dadurch in Ihnen ausgelöst wird.

Neuropsychologen wie Rick Hanson werden nicht müde, darauf hinzuweisen, was für ein enorm großes Potential wir besitzen, weil wir in der Lage sind, bewusst Entscheidungen zu fällen. Dadurch können Sie auch Ihren Geist und Ihr Gehirn ganz neu ausrichten und glücklich werden. Allerdings braucht dies eine bewusste Entscheidung, weil der Geist evolutionsgeschichtlich die Tendenz hat, das Negative zu fokussieren, um das eigene Überleben zu sichern. Allein deshalb entwickelten sich in unserem Gehirn neuronale Netzwerke, die ständig nach Bedrohungen, Verlusten und Verletzungen durch unsere Umgebung gesucht haben, unmittelbar darauf reagierten, sie abspeicherten und sich sehr schnell und sehr genau daran erinnerten.

Aber wenn Sie es wollen und es über Jahre hinweg versuchen, dann können Sie Ihre Gedanken bändigen, negativen Gefühlen Einhalt bieten und positive nähren, und dann werden Ihre Bemühungen Früchte tragen. Auch wenn Sie es anfangs nicht glauben können. Aber nach und nach werden Sie am eigenen Verhalten, am eigenen Denken und am eigenen Körper spüren, dass Sie entspannter, gelassener und dadurch glücklicher werden. „Im Hinblick auf körperliche Leistungen stoßen Sie schnell an Grenzen, aber der Geist ist weit flexibler. Wieso sollte es beispielsweise Grenzen für Liebe und Mitgefühl geben?“[53], schreibt der buddhistische Mönch Matthieu Ricard und weiß aus eigener Erfahrung, wie sehr wir die Ausrichtung unseres Geistes beeinflussen können, wenn wir es nur wollen.

Achten Sie deshalb immer wieder ganz bewusst auf die guten Dinge in Ihrem Leben. Erfreuen Sie sich besonders an den liebevollen Gesten Ihrer Mitmenschen und den erfüllenden Momenten in der Natur. Öffnen Sie Ihr Herz dafür. Dann werden Sie nach und nach glücklicher und sind mehr im Frieden mit der Welt und mit sich selbst.

36

Glückskarte Nr. 4

Machen Sie anderen Menschen eine Freude

Das eigene Glück ist mit dem der anderen untrennbar verbunden.

– Dalai Lama –

ÜBUNG: Machen Sie heute einem anderen Menschen eine Freude. Vielleicht sogar anonym. Geben Sie im Café jemanden sein Getränk aus, ohne sich zu zeigen. Machen Sie Komplimente oder erfreuen Sie andere Menschen durch ein Lächeln oder eine kleine Aufmerksamkeit.

In seinem Buch „Glück" beschreibt der buddhistische Mönch Matthieu Ricard eine Studie, die an der Uni Manchester durchgeführt wurde: Gleich neben der Universität liegt ein Mann direkt neben einem Weg, an dem viele Menschen vorbeigehen, auf dem Rasen. Es ist offensichtlich, dass er sich unwohl fühlt. Nur jeder Siebte, der an ihm vorbeigeht, schaut nach, ob es sich um einen Notfall handelt. Wenig später liegt der gleiche Mann in einem Trikot des F. C. Liverpool am Boden. Es ist der Verein, der viele Studenten dieser Uni zu seinen Fans zählt. Dieses Mal bleiben 85 % der Passanten stehen, um sich zu erkundigen, ob sie etwas für ihren Kumpel tun können. Am Ende des Weges hat das Forschungsteam den Menschen Fragen gestellt, egal ob sie ihm geholfen haben oder nicht. Deutlich wurde durch diese Untersuchung – und durch andere – aber, dass unsere Hilfsbereitschaft sehr stark durch ein Gefühl der Zusammengehörigkeit beeinflusst wird. Es hat sich herausgestellt, dass wir einem Freund, Familienangehörigem oder jemandem, mit dem wir etwas gemeinsam haben, wie beispielsweise die gleiche Hautfarbe oder Religion viel eher zu helfen bereit sind als jemandem, der uns vollkommen fremd scheint.

Der Buddhismus weiß um dieses Phänomen und versucht deshalb das Zusammengehörigkeitsgefühl durch bestimmte Praktiken auszuweiten. Deshalb werden buddhistische Lehrer nicht müde zu erwähnen, dass wir im Innersten alle den gleichen Kern haben und alle Wesen auf einer grundlegenden Ebene denselben Wunsch hegen, nämlich Leid zu vermeiden und Glück zu erfahren. Dieses Wissen gilt es zu verinnerlichen.[54]

Weitere Untersuchungen haben ergeben, dass Glück und Hilfsbereitschaft, beziehungsweise Altruismus im engen Zusammenhang stehen. Die Menschen, die am selbstlosesten waren, waren zugleich die glücklichsten.[55] Diese Erfahrung kennt wohl auch jeder von uns: Wenn wir einem Menschen ein Geschenk machen und das Strahlen in seinen Augen sehen, dann sind wir selbst glücklich. Sind wir glücklich, tritt auch unsere Selbstbezogenheit in den Hintergrund, wir spüren die Verbundenheit mit anderen und sind dann automatisch offener für sie. Auch hier haben Untersuchungen ergeben, dass Menschen, die in einer vorangegangenen Stunde etwas Beglückendes erlebt hatten, eher geneigt waren, fremden Menschen zu helfen.[56] Und andersherum sind Menschen, die unzufrieden mit sich selbst sind, nicht in der Lage, anderen Menschen Liebe zu geben.

In der buddhistischen Psychologie weiß man darum, dass Selbstbezogenheit und Egoismus der Hauptgrund für unser Leid sind. Im Gegensatz dazu ist altruistisches Verhalten die wichtigste Voraussetzung für wahres Glück. Es heißt sogar, dass die Freude an einer Tat, die Ausdruck von uneigennütziger Güte ist, bei demjenigen, der gibt, ein tiefes Gefühl von Zufriedenheit und Glück hinterlässt. Der Dalai Lama sagt, dass wir das größte Glück erfahren, wenn wir ohne Erwartung einer Gegenleistung geben und auch nicht im Gegenzug Liebe oder Zuneigung fordern.[57]

Aus diesem Grund ist eine Übung wie diejenige, einem anderen Menschen im Café ein Getränk zu spendieren, ohne dass er von uns weiß, eine große Übung. Sind Sie dabei achtsam, dann können Sie erkennen, wie unser Geist darauf reagiert, wenn Sie bedingungs- und absichtslos geben. Probieren Sie es aus. Und erfreuen Sie sich daran, dass Sie einen anderen Menschen glücklich gemacht haben.

Zehnter Aspekt: Mitgefühl kultivieren

In den Fußstapfen Buddhas und seiner Schüler: Mitgefühl spielt im Buddhismus eine zentrale Rolle und stellt eine der sogenannten Vier Noblen Tugenden dar. Diese sind liebende Güte, Mitgefühl, Mitfreude und Gleichmut[58]. Wie wichtig die Praxis des Mitgefühls ist, lehrte der Buddha neben all seinen Schülern auch seinem Sohn Rahula: „Rahula, übe dich in liebender Freundlichkeit, um Ärger zu überwinden. Liebende Freundlichkeit hat die Fähigkeit, einem anderen Glück zu bringen, ohne etwas als Gegenleistung zu verlangen. Übe dich in Mitgefühl, um Grausamkeit zu überwinden. Mitgefühl hat die Fähigkeit, Andere von ihren Leiden zu befreien, ohne dafür eine Gegenleistung zu erwarten. Übe dich in Mit-Freude, um Hass zu überwinden. Mit-Freude entsteht, wenn wir uns an der Freude Anderer erfreuen und wenn wir ihnen Glück und Freude wünschen. Übe dich in der Nicht-Anhaftung, um Vorurteile zu überwinden. Nicht-Anhaftung ist das offene, unvoreingenommene Schauen auf die Dinge; Schauen auf die Dinge, wie sie sind. Ich bin nicht unterschiedlich von allem Anderen. Verwerfe niemals eine Sache, nur um einer anderen hinterher zu laufen. Ich nenne diese Vier die vier noblen Tugenden[59]. Übe dich in ihnen und du wirst eine erfrischende Quelle der Vitalität und des Glücks für Andere sein."[60]

Laut Master Han Shan sind die Vier Noblen Tugenden genauso in uns angelegt wie Wut, Hass, Eifersucht und Gier.[61] Worauf wir unsere Aufmerksamkeit richten und welches Gefühl wir kultivieren, liegt ganz alleine an uns. Auch das sagt Han Shan. Er rät uns, wie auch andere buddhistische Lehrer, Mitgefühl zu praktizieren. Nur dann kann es sich – im Gegensatz zu den negativen Eigenschaften – entfalten. Dass Mitgefühl in jedem von uns angelegt ist, haben Studien gezeigt: Kinder sind bereits mit knapp einem Jahr besorgt, wenn Menschen Zeichen des Leids zeigen, und wollen diese dann trösten.[62] Diese Studie bestätigt eine Untersuchung der Neurowissenschaft, die zeigt, dass jeder Mensch sogenannte Spiegelneuronen im Gehirn besitzt, durch die wir mit anderen fühlen. Spiegelneuronen werden als eine Art Mechanismus im Gehirn bezeichnet, der dem Prinzip der Empathie folgt: Ich fühle dich in mir. Die Studie machte deutlich, dass dieselben Gehirnzellen aufleuchten, wenn man selbst mit einer Nadel in den Finger gestochen wird oder mit ansieht, wie ein anderer gestochen wird. Wir zucken ja zusammen, wenn jemand sich den Kopf anschlägt, weil wir wissen, wie sich dieser Schmerz anfühlt. Die Wissenschaften haben weiter herausgefunden, dass genauso wie unser Gehirn eine Art Grammatik-Kern besitzt, der uns darin unterstützt, die komplexen Strukturen der Sprache zu erlernen, es möglicherweise einen Kern in uns gibt, der die neurologischen Grundregeln für Mitgefühl enthält.[63] Auch wenn Mitgefühl ganz natürlich in uns angelegt ist, „so können wir es auch bewusst kultivieren", so der Buddha, „um unseren Geist von Härte und Grausamkeit zu befreien."

Auch der Dalai Lama betrachtet Mitgefühl als ein wichtiges Mittel, um Glück zu erlangen: „Mitgefühl stellt eine wahre Quelle des Glücks dar. Wenn wir ein vertrautes, warmherziges Gefühl für andere kultivieren, wird das unseren Geist automatisch in einen entspannten Zustand versetzen, unsere Ängste und Verunsicherungen beseitigen helfen und uns die Kraft verleihen, jegliche Hindernisse zu überwinden, denen wir begegnen werden. Mitgefühl ist die höchste Quelle des Erfolgs in unserem Leben. Ich bin davon überzeugt, dass der Schlüssel zu einer glücklicheren und erfolgreicheren Welt in der Entwicklung und Kultivierung von Mitgefühl liegt: auf persönlicher und familiärer Ebene, auf gesellschaftlicher, nationaler und globaler Ebene."[64]

Mitgefühl als Lebensprinzip: Für Buddha gab es drei Haltungen von Mitgefühl und eine ohne:

1. Mitgefühl nur für sich selbst.
2. Mitgefühl nur für andere.
3. Mitgefühl gleichermaßen für sich selbst wie für andere.
4. Kein Mitgefühl für sich und andere.[65]

Die Basis stellt also ein gesundes Maß an Mitgefühl für uns selbst dar. Denn auch wir selbst sind menschliche Wesen, denen das Potential für Glück und Leid innewohnt. Geht es uns selbst nicht gut, müssen wir auf uns Acht geben, auf die Bedürfnisse unseres Körpers hören und Pausen machen. Sonst können wir nicht regenerieren. Natürlich sollten wir Acht geben, dass wir nicht nur noch um uns, unsere eigenen Gefühle, Bedürfnisse und Probleme kreisen. Die Introspektion und der Blick auf das eigene Leid oder Wohlergehen werden dann zu einem vorherrschenden Faktor in unserem Leben und verstellen uns die Sicht auf das Wesentliche, sodass wir uns selbst gar nicht mehr in einem größeren Zusammenhang sehen.

Haben wir hingegen ein offenes Herz nur für die anderen, werden wir irgendwann frustriert, wütend und erschöpft sein. Wut kann dann entstehen, wenn wir unsere eigene Kapazität – das Leid anderer auszuhalten – übersteigen. Altruismus ist eine wundervolle Eigenschaft, aber nur dann, wenn sie nichts kompensiert. Am ausgewogensten ist – laut Buddha – die dritte Haltung, für sich selbst genauso viel Mitgefühl zu empfinden wie für andere. Gelingt uns die Kultivierung dieser Geisteshaltung, empfinden wir wahres Mitgefühl. Solange wir nämlich nur für solche Menschen Mitgefühl empfinden, mit denen wir uns verbunden fühlen, weil wir mit ihnen befreundet sind oder zum Beispiel zur gleichen Religion gehören, sind wir noch nicht wirklich mit unserem Herzen und dem reinen Bewusstsein – wo es keine Unterschiede mehr gibt – in Kontakt. Dort gibt es kein besser und kein schlechter.

Persönliche Erfahrungen mit dem Mitgefühl: Ich habe einmal vier Wochen lang täglich eine geführte Metta-Meditation, eine Meditation des Mitgefühls, gemacht, so wie sie im Folgenden beschrieben ist:

Finde einen ruhigen Platz und setze dich in einer bequemen Position hin. Richte dich an diesem Platz und zu dieser Zeit ein. Es gibt in diesem Moment nichts anderes zu tun, als Empathie und Mitgefühl für dich selbst und andere zu haben. Öffne jetzt dein Herz und richte deine Aufmerksamkeit auf dich selbst. Schaue über das hinaus, von dem du glaubst, dass du es magst. Wende dich dem menschlichen Wesen zu, das Schmerz und Leid fühlen kann, und wünsche dir selbst etwas Gutes. Wiederhole dabei stetig den Vers: Möge ich frei sein von Schmerz. Möge ich frei sein von Kummer. Möge ich frei sein von Gefahr.

Weite jetzt dein Bewusstsein aus und richte deine Aufmerksamkeit auf die Menschen um dich herum. Nimm dir einen nach dem anderen vor. Schau über das hinaus, von dem du glaubst, wie sie sind, und wende dich dem menschlichen Wesen zu, das lebendig ist und leidet wie du. Wünsche jedem einzelnen Gutes, während du den obigen Vers mehrere Male wiederholst: Mögest du frei sein von Schmerz. Mögest du frei sein von Kummer. Mögest du frei sein von Gefahr.

Dehne jetzt dein Mitgefühl auf alles aus, was draußen lebendig ist – Pflanzen, Bäume, Insekten, Tiere und Menschen. Wie du selbst, so wollen auch sie nicht leiden. Öffne dein Herz und wünsche ihnen Gutes, indem du den Vers wiederholst: Mögest du frei sein von Schmerz. Mögest du frei sein von Kummer. Mögest du frei sein von Gefahr.

Öffne jetzt deine Empathie für die Menschen, die du magst. Schaue über das hinaus, was du an ihnen magst, und wende dich dem menschlichen Wesen zu, das atmet und Schmerzen haben kann. Wünsche ihnen alles Gute, indem du den Vers wiederholst: Mögest du frei sein von Schmerz. Mögest du frei sein von Kummer. Mögest du frei sein von Gefahr.

Dehne jetzt dein Bewusstsein auf die Menschen aus, denen gegenüber du dich neutral fühlst: eine Ladenbesitzerin, einen Busschaffner, eine Nachbarin. Auch sie haben eine Geschichte, die sehr real für sie ist. Auch sie lieben und leiden. Wende dich ihnen nun der Reihe nach zu und wünsche ihnen alles Gute, indem du den mitfühlenden Vers wiederholst: Mögest du frei sein von Schmerz. Mögest du frei sein von Kummer. Mögest du frei sein von Gefahr.

Bringe nun dein Mitgefühl den Menschen entgegen, mit denen du Schwierigkeiten hast. Schaue über das, was du an ihnen nicht magst, hinaus und wende dich dem menschlichen

Wesen zu, das genau wie du leidet, wenn es Schmerzen hat. Wünsche ihm Gutes und wiederhole im Stillen den Vers. Mögest du frei sein von Schmerz. Mögest du frei sein von Kummer. Mögest du frei sein von Gefahr.

Weite nun schließlich dein Bewusstsein noch einmal und öffne dein Herz und deine Fürsorge für alle Menschen: Mögen alle Wesen frei sein von Schmerz. Mögen alle Wesen frei sein von Kummer. Mögen alle Wesen frei sein von Gefahr.[66]

Ich selbst machte dabei eine erstaunliche Erfahrung: Bei der Person, der gegenüber wir uns neutral fühlen sollten, richtete ich mein Mitgefühl in jenen vier Wochen immer wieder auch auf eine Kassiererin aus dem Supermarkt in der Straße, in der ich wohne. Ich bezahlte bei ihr bereits seit einigen Jahren meine Einkäufe, aber von mir zu ihr und auch umgekehrt gab es nur diesen funktionalen Bezug. Nachdem ich sie in den vier Wochen immer wieder mit Mitgefühl bedacht hatte, veränderte sich unser Kontakt. Zum ersten Mal in all den Jahren schaute sie mir irgendwann in die Augen. Es ging sogar so weit, dass sie mich schließlich herzlich grüßte und beim Bezahlen fragte, ob es mir gut gehe. Ich freute mich und war gleichzeitig zutiefst berührt über die Wirksamkeit der Methode.

Eine Weisheit, die Sie auf Ihr Herz legen können:

„Der Ausweg aus der Grausamkeit, Freund, ist die Befreiung des Geistes durch Mitgefühl."

Buddha

37

Mitgefühlskarte Nr. 1

Mitgefühl mit sich selbst haben

Urteile nicht hart über dich selbst.
Ohne Erbarmen mit uns selbst sind wir außerstande,
die Welt zu lieben.

– Dalai Lama –

ÜBUNG: Richten Sie Ihr Mitgefühl ganz bewusst auf sich selbst. Öffnen Sie Ihr Herz für sich selbst. Seien Sie gut zu sich! Wünschen Sie sich selbst etwas Gutes. Sagen Sie sich: „Möge ich glücklich sein" oder „Möge ich gesund sein". Wiederholen Sie die Zeile einige Male.

Ein Mensch, der kein Mitgefühl für sich selbst empfindet, ist wie ein Fass ohne Boden. Keine Trophäe dieser Welt kann ihm helfen, den Boden zu schließen, der etwa durch Selbstablehnung, Selbsthass oder Selbstzweifel fehlt. Sollte das Gesagte bei Ihnen auf Resonanz treffen, so ist die Praxis des Mitgefühls genau der richtige Schritt, den es zu tun gilt. Mit Mitgefühl für sich selbst erreichen Sie viel mehr, als Ihnen bewusst ist. Sie werden unabhängiger von äußeren Umständen oder anderen Menschen und in Ihnen wird der Impuls wachsen, etwas für das Wohl aller Wesen beizutragen. Wie aber kann es uns gelingen, dass unser Wohlwollen für uns selbst zunimmt und unsere Ungeduld, unser Hass, unsere Zweifel, unsere Schuldzuweisungen uns selbst gegenüber abnehmen? Die Antwort ist einfach. Üben. Üben. Üben. Unser Herz für uns selbst und auch im Angesicht vom Leid anderer offen zu halten, erfordert eben genau diese kontinuierliche Übung – und damit einhergehend eine große Portion Geduld. Selbst der Dalai Lama musste lernen, wie man Mitgefühl entwickelt: „Man kann Mitgefühl nicht durch Knopfdruck herbeizaubern … Als ich fünfzehn oder zwanzig Jahre alt war, war ich ziemlich aufbrausend“, schreibt das tibetische religiöse Oberhaupt in seinem Buch „Im Einklang mit der Welt“. „Aber durch mein buddhistisches Training und durch schwierige Erfahrungen ist es mir gelungen, mein mentales Gleichgewicht zu stabilisieren. Schwierige Erfahrungen sind eine gute Schule für den Geist. Sie helfen uns, eine Art innere Entschlossenheit zu entwickeln … Durch Übung können wir uns verändern.“[67]

Die Praxis des Mitgefühls beginnt damit, sich darin zu schulen, aufrichtig, liebevoll und mitfühlend zu sich gegenüber zu sein und sich selbst aus tiefstem Herzen anzunehmen, mit *allen* Licht- und Schattenseiten. Statt sich selbst zu verachten, sich selbst immer und immer wieder zu verurteilen, anzuklagen und sich schuldig und unzulänglich zu fühlen, beginnen Sie damit, Freundlichkeit und bedingungslose Liebe sich selbst gegenüber zu kultivieren. Wie heilsam es ist, wenn Sie für sich selbst Mitgefühl haben, haben wissenschaftliche Untersuchungen gezeigt: Sie produzieren dann weniger Stresshormone wie z. B. Cortisol und stärken dadurch auch die eigene Resilienz.[68]

Mitgefühl für sich selbst zu empfinden ist wahrscheinlich eine der schwersten Übungen überhaupt auf dem spirituellen Weg, aber es ist auch der wichtigste Weg. Ein erster Schritt barfuß in dieser Richtung ist, sich selbst einzugestehen, dass Sie nicht perfekt sind. Erlauben Sie sich, Fehler zu machen! Erkennen Sie an, dass Sie auf dem Weg sind! Machen Sie sich bewusst, dass selbst ein Dalai Lama dafür seine Zeit brauchte. Der Weg zu mehr Mitgefühl für sich selbst ist ein langer Weg! Es ist auch ein anstrengender Weg. Ein Weg, auf dem es oftmals zwei Schritte vor und drei zurück geht. Gestehen Sie sich deshalb immer wieder ein, auch Fehler machen zu dürfen. Vielleicht sind Sie sich selbst gegenüber in einer Weise ungnädig, die jedes gesunde und nützliche Maß übersteigt. Vielleicht sind Sie auch übertrieben ungerecht und kritisch mit sich selbst. Ändern Sie Ihre Haltung sich selbst gegenüber. Üben Sie Mitgefühl mit sich selbst. Sie haben es verdient!

38

Mitgefühlskarte Nr. 2

Mitgefühl für Menschen in Not

*Liebe und Mitgefühl vertreiben jede Lebensangst,
denn sobald wir diese beiden Qualitäten des Geistes entwickeln,
wächst unser Selbstvertrauen und die Angst schwindet.*

– Dalai Lama –

ÜBUNG: Nehmen Sie heute jene Menschen in Ihr Bewusstsein, die in Not sind, in Kriegsgebieten oder anderen Gefahren leben. Machen Sie sich bewusst, wie sehr diese Menschen leiden. Wünschen Sie ihnen Gutes, während Sie die folgende Zeile mehrere Male wiederholen: „Mögest du frei sein von Leid."

Die Eigenschaft, die Menschen wie den Dalai Lama oder Thich Nhat Hanh antreibt, ist unendliches Mitgefühl für alle Wesen in diesem Universum. Wie aber fühlt es sich an, offen für das Leiden anderer zu sein, ohne in Mitleid zu versinken? Der buddhistische Lehrer James Baraz hat hierfür eine ebenso schöne wie bedeutungsvolle Definition in buddhistischen Schriften gefunden: „das Beben des Herzens als Reaktion auf Leiden". Mitgefühl impliziert den tiefsten innersten Wunsch, dass *alle* Wesen frei von Leid sein mögen. Der Kern des Mitgefühls wird gebildet durch das Wissen, dass alle im ganzen Universum miteinander verbunden sind und wir selbst nur wirklich glücklich sein können, wenn *kein* einziges anderes Wesen mehr leidet. „Das Leiden eines anderen Menschen ist mein Leiden“, schreibt Baraz, „und wenn ich jemanden leiden sehe, dann bebt mein Herz.“[69] Mitgefühl für andere Menschen zu haben, bedeutet, sich vollkommen für das Leid anderer zu öffnen, ohne in Mitleid zu verfallen. Mitgefühl bedeutet auch, dem anderen mit einem offenen Herzen zu begegnen. Es heißt, berührbar zu werden. Offen zu sein.

Natürlich können Sie das Leid in der Welt nicht auf Ihre Schultern nehmen, aber es ist schon ein wichtiger Schritt, wenn Sie sich bewusst machen, dass alle Wesen in diesem Universum miteinander verbunden sind und das Leid anderer Menschen auch Ihr eigenes Leid ist. Nehmen Sie diesen Gedanken mit in Ihren Alltag und öffnen Sie sich für diese Tatsache, dann kann sich die Beziehung zwischen anderen Menschen und Ihnen grundlegend zum Positiven hin ändern. Noch mehr ändern Sie, wenn Sie zum Beispiel kranke Menschen oder Menschen in Not – zum Beispiel solche, die in Kriegs- oder Krisengebieten leben – mit in Ihre Meditation und dort in Ihr Herz nehmen. Untersuchungen haben ergeben, dass kranke Menschen, für die gebetet wurde, schneller gesund wurden als solche, an die niemand gedacht hat. Das ist ein Beweis dafür, dass es sich lohnt, anderen Menschen Ihr Mitgefühl zu schenken.

Wenn Sie die Übung des Mitgefühls vertiefen möchten, dann können Sie für jeden Menschen Gutes tun, der Ihr Mitgefühl erweckt. Tun Sie etwas Gutes, ohne es an die große Glocke zu hängen. Tun Sie es. Einfach so. Ohne etwas dafür zu erwarten. Tun Sie es anonym. Beginnen Sie mit kleinen Handlungen, die etwas Großes im anderen bewirken: Heben Sie den Abfall auf der Wiese im naheliegenden Park auf. Geben Sie die Parklücke, die Sie angesteuert haben, an Ihren Hintermann auf der Straße ab, hinterlassen Sie eine Tafel Schokolade bei Ihrem Nachbarn, ohne dass Sie dabei gesehen werden. Spendieren Sie einem Menschen anonym in der Kinoschlange eine Karte. Verschicken Sie etwas Geld an einen Menschen, dem es schlecht geht, ohne dass Ihr Absender auf dem Umschlag steht. Genießen Sie das Gefühl, das dadurch in Ihrem Geist und Ihrem Herzen entsteht!

39

Mitgefühlskarte Nr. 3

Mitgefühl für unsere Feinde entwickeln

Können wir jemanden hassen,
der Sklave seiner eigenen verstörenden Emotionen ist,
anderen deshalb schadet und sich schließlich selbst zugrunde richtet?
Verdient er nicht eher unser Mitgefühl?

– Dalai Lama –

ÜBUNG: Bringen Sie heute in Ihrer Meditation Ihr Mitgefühl den Menschen entgegen, mit denen Sie Schwierigkeiten haben. Machen Sie sich bewusst, dass auch dieser Mensch in seinem tiefsten Inneren verletzt, übersehen oder vielleicht sogar missbraucht worden ist. Wünschen Sie ihm Gutes und wiederholen Sie im Stillen die Zeile: „Mögest du glücklich sein".

Wenn Sie Ihre Aufmerksamkeit mit einer wertfreien, mitfühlenden Haltung auf Menschen richten, mit denen Sie Schwierigkeiten haben, kann sehr viel Heilung entstehen. Manchmal, ohne dass Sie diesem Menschen dabei persönlich begegnen und ihn um Vergebung oder um Entschuldigung bitten müssen. Richten Sie Ihr Mitgefühl auf jene Menschen, mit denen Sie Schwierigkeiten haben, und blicken Sie hinter deren Kränkung oder ihr Fehlverhalten Ihnen gegenüber, dann können neue und starke Gefühle der Verbundenheit entstehen. Mitgefühl ist so, als würden wir uns selbst und anderen Menschen die Hand reichen, die Freundschaft anbieten, aber nicht in dem Sinne, dass wir fortan jeden Menschen lieben oder akzeptieren und alles gutheißen müssen, sondern eher in dem Sinne, dass wir erkennen, dass alles miteinander verwoben ist. Dieser Verbundenheit trägt das Mitgefühl Rechnung und wir üben sie in dem Wissen, dass der Wunsch, glücklich, gesund, frei von Leid und Angst zu sein, in jedem Menschen vorhanden ist und dass jeder von uns auf die gleiche Weise früher oder später mit Leid konfrontiert wird, Krankheit und Verlust bewältigen muss.

Mitgefühl für andere Menschen können Sie lernen. Bei diesem Lernen geht es darum, dass Sie achtsam sind und Ihre eigenen Automatismen registrieren und erkennen, wie oft Sie ungerechtfertigterweise über einen Menschen urteilen oder wie schnell Sie einen Menschen ablehnen, ohne ihn überhaupt zu kennen! Mitgefühl für andere Menschen zu entwickeln, bedeutet, sich selbst und anderen Menschen gegenüber freundlicher zu sein, und auch die in Ihr Herz und in Ihr Bewusstsein mit aufzunehmen, die Sie normalerweise ignorieren, ablehnen, kritisieren. Mitgefühl für andere Menschen zu entwickeln bedeutet, dass Sie in anderen Menschen sehen, dass auch sie geliebt und gesehen werden wollen und dass auch sie eine leidvolle Geschichte haben und oft aus Unwissenheit handeln.
Wenn Sie kein Mitgefühl für Ihre Feinde empfinden können, dann fühlen Sie sich nicht nur von ihnen getrennt, sondern dann herrscht in Ihnen auch noch irgendwo ein Gefühl des Getrenntseins: zwischen Ihnen und Ihrem

Herzen, zwischen Ihnen und dem Leben. Das Gefühl von Trennung beruht immer auf unserer Vorstellung von einem „Ich“. Hier bin ich und dort sind die anderen. Unser Ich fühlt sich oftmals bedroht und wir wissen oft auch gar nicht, woher diese Bedrohung eigentlich stammt. Angst gründet auf Hass. Mitgefühl auf Liebe. Nur wenn Sie sich selbst ehrlich begegnen, können Sie die Ursachen für all das aufdecken, was dazu führt, dass Sie leiden. Je weniger Mitgefühl Sie für andere Menschen empfinden, desto getrennter sind Sie auch von sich selbst. Und das gilt es zu untersuchen und zu erlösen, damit Sie Mitgefühl für alle Wesen – sich selbst und alle Ihre vermeintlichen Feinde – empfinden können.

40

Mitgefühlskarte Nr. 4

Mitgefühl für die Tiere

Lassen wir den Geist weit werden,
sodass unser Mitgefühl alle Wesen umfasst.

– Dalai Lama –

ÜBUNG: Öffnen Sie heute in Ihrer Meditation Ihr Herz für alle Tiere, die gequält werden, etwa weil die Kosmetikindustrie Versuche mit ihnen macht oder weil sie in Tiertransporten umkommen oder geschlachtet werden. Sagen Sie innerlich die Zeile: Mögen alle Tiere frei sein. Mögen alle Tiere ohne Angst sein. Mögen alle Tiere glücklich sein.

Ob es Ihnen bewusst ist oder nicht: Sie sind mit allen Wesen in diesem Universum verbunden. Öffnen Sie sich und Ihr Herz für diese Erfahrung, dann können Sie früher oder später gar nicht mehr Ihre Augen davor verschließen, dass Tieren auf dieser Welt so viel Leid zugefügt wird. Alleine bei Tiertransporten leiden immer noch mehr als 400 Millionen Tiere jährlich. Transportzeiten von bis zu 29 Stunden mit Ladedichten, bei denen Tiere sich nicht hinlegen können, Durst, Hitze, Kälte, Verletzungen erleiden. Das alles müssen Millionen Tiere auf ihrem Weg zur Tötung erdulden. Von den oft so katastrophalen Verhältnissen während der Aufzucht ganz zu schweigen. Machen Sie sich bewusst, dass

Tiere deswegen so leiden, weil Sie nicht auf Wurst oder Fleisch verzichten möchten.

Der vietnamesische Meditationslehrer Thich Nhat Hanh weist immer wieder darauf hin, dass die Praxis des Mitgefühls nicht damit endet, unser Herz für das Leiden anderer auf dem Meditationskissen zu öffnen. Dies ist natürlich ein löblicher erster Schritt. Aber dementsprechend auch zu handeln ist ein zweiter Schritt. Für Thich Nhat Hanh gehen wahres Mitgefühl und Handeln Hand in Hand. Werden Sie aktiv! Organisationen, die zum Wohle der Tiere handeln, gibt es genug. Praktizieren Sie eine Zeit des Fleischverzichtes. Nehmen Sie sich dafür einen Tag in der Woche, ein paar Tage im Monat oder vielleicht sogar einen ganzen Monat im Jahr vor, in dem Sie auf Wurst oder Braten verzichten. Mittlerweile gibt es zahlreiche köstliche Alternativen aus der vegetarischen oder der veganen Küche, die für eiweißhaltige Alternativen sorgen. Verzichten Sie aus Mitgefühl für die Tiere! Machen Sie sich bewusst, wie sehr diese Tiere leiden. Gehen Sie achtsamer und wertschätzender mit dem Konsum von Fleisch um und machen Sie sich bewusst, dass ein Tier sein Leben für Sie lassen musste. Stellen Sie sich vor, wie dieses Tier zur Tötung geführt wird, nur damit Sie ein frisches Stück Fleisch auf Ihrem Teller haben.

Im Buddhismus spielt das Prinzip der Gewaltlosigkeit übrigens eine zentrale Rolle. Ahimsa ist sogar das oberste Gebot. Es lässt sich unter anderem aus dem „edlen achtgliedrigen Pfad“ ableiten, welcher die Grundlage jedes buddhistischen Weges darstellt. Das erste der zehn Gebote für buddhistische Mönche und Nonnen ist „das Gebot der Enthaltung von dem Töten lebender Wesen.“ In der ursprünglichen Lehre Buddhas steht Gewalt dem eigenen

Befreiungs- und Erleuchtungsgedanken entgegen und nur mit Gewaltlosigkeit können wir eine bessere Wiedergeburt oder im besten Fall sogar Befreiung von Leid erlangen.

Elfter Aspekt: Vergänglichkeit im Bewusstsein halten

In den Fußstapfen Buddhas und seiner Schüler: Das Bewusstsein um die eigene Vergänglichkeit spielt im Buddhismus – und auch in der buddhistischen Psychologie – eine zentrale Rolle. Deshalb war dieser Aspekt auch das Erste, worüber der Erwachte sprach. In seinem ersten Lehrzyklus über die Vier Edlen Wahrheiten lehrte Buddha, dass alles Zusammengesetzte auch wieder auseinanderfällt. Dabei bezog er sich sowohl auf die Vergänglichkeit der gesamten äußeren Welt wie Häuser, Straßen, Städte, als auch auf die des Menschen. Deshalb wies Buddha darauf hin, dass nur geistige Werte für uns von echtem Wert sind. Immer wieder lehrte er, dass die Menschen sich der eigenen Vergänglichkeit bewusst werden und bleiben sollen, um ein tiefgehendes und natürliches Verständnis davon zu erhalten.

Die Akzeptanz der Vergänglichkeit als Lebensprinzip: Auch wenn es für die meisten von uns paradox klingen mag, aber mit dem Bewusstsein um die Vergänglichkeit leben wir leichter, intensiver und achtsamer. Ist es nicht so, dass die letzten Ferientage oft die intensivsten sind? Wir genießen den Strand, das warme Meer, die südländischen Köstlichkeiten noch einmal besonders, weil wir wissen, dass wir ein paar Tage später bereits wieder zu Hause im oft so grauen Alltag sind. Sind nicht auch die Umarmungen und Küsse einer Verabschiedung am Bahnhof besonders zärtlich und innig und beinhalten all unsere Liebe, besonders dann, wenn wir wissen, dass wir einander ein paar Wochen nicht mehr sehen werden? Momente des Abschieds rufen uns die Vergänglichkeit ins Bewusstsein. Sie sorgen dafür, dass wir im Angesicht einer Trennung ganz präsent sind. Wach sind. Achtsam sind.

Aber – so wie Buddha und auch zeitgenössische buddhistische Lehrer bereits erkannten – es scheint für den menschlichen Verstand sehr schwer zu sein, sich zu verdeutlichen, dass es in der linearen Zeit-Raum-Biografie eines jeden Menschen einen unumstößlichen Endpunkt in der materialisierten Form gibt. Jeder wird irgendwann sterben. Auch Sie. Und auch ich. „Auf der ganzen Welt gibt es keinen einzigen Menschen, der nicht über die Vergänglichkeit des Körpers Bescheid weiß", sagte Ayya Khema. „Trotzdem leben wir alle so, als beträfe die Vergänglichkeit uns nicht und grämen uns um jene, deren Körper bereits dem gesetzmäßigen Walten der Natur ihren Tribut zahlen musste, als ob das etwas ganz und gar Unerwartetes sei."[70] Blicken wir der Vergänglichkeit nicht mehr voller Angst und Sorge ins Gesicht, können wir darin eine Aufforderung erkennen, jeden Moment achtsam und bewusst zu leben. So, als wäre der gegenwärtige Moment der kostbarste Augenblick für uns hier auf dieser Erde. Mit dem Wissen, dass alles vergeht, wird es uns gelingen, nicht mehr länger krankhaft an dem festzuhalten, was wir begehren. Es ist genauso sinnlos, als würden wir versuchen, den Wind einzufangen.

Persönliche Erfahrungen mit der Vergänglichkeit: Als mein Lebensgefährte vor 20 Jahren an Krebs erkrankte, wurde ich nur fünf Monate nach der Diagnosestellung mit seinem

Tod konfrontiert. Dieser Verlust traf mich unmittelbar ins Herz. Es war das erste Mal, dass ich das, was ich am meiste liebte, loslassen musste. Mein Lebensgefährte hatte nicht mit einem frühen Tod gerechnet. Deshalb kam sein Tod für ihn so überraschend. Auch ich war davon ausgegangen, dass wir ewig zusammenleben würden. Ich litt unsagbar unter diesem Verlust. Gleichzeitig aber weckte er mich auf. Dieses Erlebnis führte mir vor Augen, wie kurz unser Leben ist. Es zeigte mir auch, wie kostbar unsere menschliche Existenz ist. Seit dem Tod meines Lebensgefährten lebe ich anders. Bewusster. Authentischer. Heute bin ich sogar dankbar um diese Erfahrung! Durch sie bin ich erwachsen geworden. Den Tod so unmittelbar zu erfahren, hat mich gelehrt, dass es jeden Menschen zu jeder Zeit treffen kann. Wer von uns weiß schon, wer der nächste ist, der stirbt? Sie? Ich? Ihr Kind? Ein guter Freund? Egal wie alt. Egal wie glücklich. Egal wie lebenslustig. Die Vergänglichkeit betrifft jeden von uns.

Eine Weisheit, die Sie auf Ihr Herz legen können:

„In steter Veränderung ist diese Welt. Wachstum und Verfall sind ihre wahre Natur. Die Dinge erscheinen und lösen sich wieder auf. Glücklich, wer sie friedvoll einfach nur betrachtet."

Buddha

41

Vergänglichkeitskarte Nr. 1

Jeder wird irgendwann sterben

Ein Leben gleicht dem Blitz am Himmel,
es rauscht vorbei
wie ein Sturzbach den Berg hinab.

– Buddha –

ÜBUNG: Wenn Sie gerade mit einem anderen Menschen sprechen oder telefonieren, machen Sie sich bewusst, dass diese Person noch heute sterben könnte. Diese Unterhaltung könnte die letzte sein, die sie mit ihr führen. Achten Sie darauf, wie sich Ihr Umgang mit diesem Menschen verändert.

Sich in einem Moment, in dem man einen Menschen, den man über alles liebt, in den Armen hält, vorzustellen, dass er oder sie bald sterben könnte, ist eine schwierige Übung. Aber es ist gleichzeitig eine hilfreiche Praxis, sich die Vergänglichkeit bewusst zu machen. Sie hilft Ihnen, sich die Kostbarkeit eines jeden einzelnen Momentes unmittelbar vor Augen zu führen. Der Tod kann Sie – oder einen Menschen, der Ihnen nahesteht, jederzeit überraschen. So erging es einem homosexuellen Freund von mir. Wir sprachen über die große Liebe und er erzählte mir, dass er sie bereits mit 24 Jahren gefunden hatte. „Und?!“, fragte ich neugierig, weil ich wissen wollte, wie das gemeinsame Leben der beiden aussehen würde. Der Freund wurde schlagartig traurig und sagte: „Er ist Brötchen holen gegangen und nicht wieder gekommen." Im ersten Moment dachte ich, dass er mich, wie es so oft seine Art ist, auf den Arm nehmen wollte. Dann fuhr er fort und meinte: „Er ist direkt vor unserer Haustüre von einem LKW überfahren worden." Dieser Freund ist heute 35 Jahre alt und hat den Tod seiner großen Liebe immer noch nicht verarbeitet und zwar deshalb, weil sie sich, bevor der Mann die Wohnung verlassen hatte, gestritten hatten.

Natürlich werden Sie nicht vermeiden können, sich mit anderen Menschen zu streiten. Halten Sie aber die Gegenwärtigkeit des Todes in Ihrem Bewusstsein, bekommt *jeder* Streit eine andere Qualität: Sie werden den Wunsch verspüren, sich schneller wieder zu versöhnen und eine Lösung zu finden! Steht ein Streit um den stehen gelassenen Abwasch und einem Abend an dem man in Folge dessen nicht miteinander spricht, wirklich dafür, kostbare Lebenszeit mit einem Gefühl des Ärgers verstreichen zu lassen? Ist das Leben nicht viel zu kostbar, und Menschen, die Sie lieben, viel zu wertvoll, als dass man im Unfrieden miteinander lebt? Im Angesicht der Vergänglichkeit kann Ihr ganzes Leben eine andere Qualität bekommen. Im Angesicht der Vergänglichkeit werden Sie achtsamer, bewusster und lebendiger.

Lassen Sie los! Werden Sie sich der Vergänglichkeit bewusst. Genießen Sie Ihr Leben. Jetzt. Hier und heute. Mit den Menschen, die Sie lieben! Vergeben Sie anderen Menschen. Öffnen Sie Ihr Herz. Hier und heute. Jetzt. Leben Sie leichter. Wer leichter leben kann, wird auch leichter sterben. Vielleicht schon morgen. Vielleicht erst in einem Monat. Vielleicht erst in einem Jahr. Ganz sicher aber irgendwann.

Halten Sie sich den Aspekt der Vergänglichkeit immer und immer wieder vor Augen. Dies ist wahrscheinlich eine der schwierigsten Übungen. Aber sie ist auch eine der vielversprechendsten: Nur wer loslässt, hat beide Hände frei. Nur wer die Vergänglichkeit in sein Herz nimmt, hat einen offenen und weiten Geist.

42

Vergänglichkeitskarte Nr. 2

Freuen Sie sich, dass es vorbei ist

Alles Geschaffene ist vergänglich.
Strebt weiter, bemüht euch,
unablässig achtsam zu sein.

– Buddha –

ÜBUNG: Erinnern Sie sich heute daran, was Sie in Ihrem Leben schon alles gemeistert haben! All den Liebeskummer, den Sie überstanden haben! All die Prüfungen, in die Sie voller Angst gegangen sind! Machen Sie sich bewusst, dass auch das Negative und Dunkle vergeht!

„Auch schlechte Zeiten gehen vorbei", heißt es. Wenn es Ihnen in stressigen, schmerzvollen, anstrengenden und leidvollen Zeiten gelingt, sich diese Weisheit vor Augen zu halten, dann werden Sie derzeitige Krisen leichter überstehen. Wann immer Sie im Begriff sind, in einem Gefühl von Selbstmitleid oder Resignation zu versinken, wiederholen Sie diese Weisheit innerlich wie ein Mantra. Immer und immer wieder. Sagen Sie es sich so oft, bis diese Wahrheit Wirklichkeit wird. Diese Aussage kann Ihnen die Gelassenheit vermitteln, nicht vollkommen zu verzweifeln, sondern zu entspannen und dem Prozess der Wandlung zuzuschauen. Sie kann Ihnen dabei helfen zu erkennen, dass sich auch schwierige Zeiten wieder in leichtere wandeln werden.

Weisheiten wie diese können Ihnen eine gehörige Portion Zuversicht vermitteln. Lassen Sie doch einfach mal frühere Krisen an Ihrem inneren Auge vorbeiziehen. Auch solche, die weitaus schlimmer und wesentlich existenzieller waren als die, in der Sie sich gerade befinden. Dann wird sich dieser Spruch bestätigen. Ein solcher Blickwechsel kann es Ihnen möglich machen, schneller und gelassener durch diese Krise zu gehen. Entspannen Sie sich! Auch dann, wenn die Zeiten schwierig sind. Langfristig ist eine solche Haltung heilsamer, als wenn Sie sich permanent in emotionalen Kämpfen oder geistigen Dramen verlieren. Sie brauchen nichts weiter zu tun, als das Bewusstsein dafür entwickeln, dass auch die schwierigste, schmerzvollste, traurigste, anstrengendste oder angstvollste Situation einmal vorübergehen wird. Es klingt leichter als es ist, aber es ist möglich. Sie haben die Wahl.

Übrigens gehen auch solche Phasen vorbei, in denen Sie lieber eine Flasche Wein trinken möchten, statt die hier vorgeschlagene Übung zu machen. Vielleicht haben Sie derzeit auch gar keine Lust zu meditieren oder eine andere Form der spirituellen Praxis auszuführen, weil Sie das Gefühl haben, dass Sie sowieso nie herauszukommen aus dem emotionalen Loch und keine wirklichen Fortschritte machen auf Ihrem spirituellen Weg. Auch solche Tiefs vergehen! Seien Sie großzügig mit sich selbst. Achten Sie darauf, dass es Ihnen gut geht in schlechten Zeiten. Das Leben ist schwer genug. Machen Sie sich selbst nicht auch noch das Leben zur Hölle.

43

Vergänglichkeitskarte Nr. 3

Jeder Tag könnte der letzte sein

Alles ist vergänglich
und deshalb leidvoll.

– Buddha –

ÜBUNG: Egal, wie schön das Leben gerade ist, machen Sie sich trotzdem bewusst, dass auch Sie jeden Moment sterben können. Regeln Sie deshalb Ihre letzten Dinge wie Patientenverfügung und Testament. Klären Sie aber auch ausstehende Konflikte mit Menschen, die Ihnen wichtig sind.

Die Angst vor dem eigenen Tod ist weit verbreitet. Manche Menschen meiden die Beschäftigung damit sogar so sehr, dass sie glauben, dass bereits die Niederschrift des eigenen Testaments den Tod ruft. Eine solche Vermeidungsstrategie kann für einen selbst oder aber für mögliche Angehörige zu einer langfristigen und leidvollen Angelegenheit werden, falls es zu einem Unfall oder einer unvorhergesehenen Erkrankung kommt, die Sie innerhalb kurzer Zeit handlungsunfähig macht. Da jeder von uns irgendwann sterben wird, ist es nach buddhistischer Auffassung sinnvoll, sich entsprechend darauf vorzubereiten. Das bedeutet, dass Sie sowohl äußere Maßnahmen treffen wie das Erstellen einer Patientenverfügung, eines Testaments etc., und auch dafür sorgen, dass Sie geistig für diesen wichtigen Moment bereit sind.

Sind Sie sich der eigenen Sterblichkeit bewusst, können Sie sich auch entsprechend auf Ihr Sterben vorbereiten. Der buddhistische Lehrer Han Shan sagte, dass das Leben eine Vorbereitung auf das eigene Sterben sei. Denn der Gedanke, den wir im Moment unseres Sterbens haben, wird maßgeblich unsere Wiedergeburt bestimmen. Der Buddha selbst verglich die letzten Gedanken vor dem Tod mit einer Herde von Kühen in einem Stall. Sobald die Türe geöffnet wird, geht die stärkste Kuh voran. Gibt es keine stärkste, dann tritt die Kuh heraus, die die Herde leitet. Gibt es auch keine solche, dann geht diejenige zuerst, die an der Türe steht, oder aber es treten alle gleichzeitig heraus. Damit gemeint ist, dass nach buddhistischer Auffassung die letzten Gedanken vor dem Tod die Wiedergeburt maßgeblich mitbestimmen.

Mit der Kultivierung von guten Gedanken brauchen Sie aber gar nicht bis zum Moment Ihres Todes in Hinblick auf ein neues Leben zu warten. Sind Sie achtsam, dann erkennen Sie, dass jeder Moment einzigartig ist und Sie sozusagen in jedem Moment neu geboren werden. Jeder Moment birgt die Chance eines Neuanfangs. Alleine das Erwachen am Morgen ist wie ein Neubeginn. Der vietnamesische Mönch Thich Nhat Hanh sagt hier immer: „Dir stehen heute 24 brandneue Stunden zur Verfügung!" Nehmen Sie diese Möglichkeit eines Neuanfangs und das Bewusstsein der Vergänglichkeit in sich auf und sind Sie entsprechend achtsam im Umgang mit Ihrer kostbaren Zeit und der besonderen Chance, als Mensch wiedergeboren worden zu sein, dann steht Ihnen mit jedem Moment, mit jedem Tag eine unendlich große Chance zur Verfügung. Nutzen Sie diese Gelegenheit. Es wäre zu schade, sie verstreichen zu lassen. Denn auch das, was wir jetzt, in diesem Moment tun hat Auswirkungen. Egal woran Sie glauben. Alles, was Sie tun und denken, wirkt sich auf unser zukünftiges Leben – das im nächsten Moment bereits beginnt – aus.

44

Vergänglichkeitskarte Nr. 4

Nichts ist fest und von Dauer

Spring!

– Joseph Goldstein –

ÜBUNG: Lassen Sie alte Gewohnheiten los und öffnen Sie sich für das Hier und Jetzt. Unterstützen Sie den natürlichen Wandel. Geben Sie Altes weg: Kleidung, angeschlagenes Porzellan, veraltete Einstellungen oder schal gewordene Träume. Machen Sie Platz für das, was Ihnen Ihrem heutigen Bewusstsein und Alter entsprechend gut tut.

Das Gefühl von Konstanz gibt uns ein vermeintliches Gefühl von Sicherheit. Wir glauben, an einem Ich und an einem Du festhalten zu können. Dabei ist nichts im Leben wirklich dauerhaft. Es heißt, dass sämtliche Zellen eines Körpers sich im Verlauf von sieben Jahren vollständig erneuert haben. Wo ist unsere Kindheit geblieben? Wo unsere Jugend? So erschreckend eine solche Erkenntnis sein kann, so birgt sie doch auch gleichzeitig sehr viele Möglichkeiten, nämlich das Leben selbstverantwortlich und erwachsen zu leben! Gleichzeitig birgt sie aber auch eine große Chance. Oftmals sind wir immer noch mit „alten" ungeklärten Anteilen in uns identifiziert: dem zu kurz gekommenen Kind, der vernachlässigten Tochter etc. Richten wir den Blick hingegen auf das, was wir heute sind, nämlich erwachsene Menschen mit dem Recht und der Pflicht, sich selbst zu verwirklichen, dann stehen uns unendlich viele Möglichkeiten zur Verfügung. Es ist einzig und alleine die Illusion der Beständigkeit, die dafür sorgt, dass wir an Menschen, Dingen, Erfahrungen und Gefühlen festhalten, egal wie sehr sie uns bei unserer eigenen Entwicklung geschadet haben. Wir versuchen mit allen Mitteln, an der Vergangenheit festzuhalten. Egal wie negativ sie war. Egal wie sehr sie uns geschadet hat.

Die buddhistische Psychologie lehrt uns, dass es aber auch einen ganz anderen Umgang mit der Vergangenheit und der Vergänglichkeit gibt: Sie loszulassen und sich für die Möglichkeiten zu öffnen, die der gegenwärtige Moment für uns bereithält. Wenn Sie sich bewusst machen, dass Sie sich jeden Tag frei entscheiden können, wie Sie sich selbst sehen, dann kann Ihnen – wenn Sie sich für die unendlich vielen Möglichkeiten öffnen, die Ihnen das Leben präsentiert – die Welt zu Füßen liegen.

Zum Glück ist es für eine solche Haltungsänderung nie zu spät. Durch kleine Übungen, Achtsamkeit, Aufmerksamkeitsänderung sind Sie in der Lage, Ihr Gehirn und Ihren Geist zu verändern und im Angesicht der Vergänglichkeit schlechte Erfahrungen und schlechte Meinungen über sich selbst zu modifizieren. Allerdings braucht es Ihren Entschluss, sich von alten Gewohnheiten, negativen Verhaltensweisen und unheilvollen Gedanken zu lösen. Rick Hanson formuliert es treffend: „Unter allen Faktoren, die zu Glück und Erfolg führen – wie die Gesellschaftsschicht, aus der jemand kommt, die Intelligenz, die Persönlichkeit, der Charakter, das Aussehen, Glück, Rasse, ist der Faktor, der normalerweise den größten Unterschied macht, die Beharrlichkeit. Wenn du zehn Mal umfällst, stehst du zehn Mal wieder auf."[71] Vielleicht sieht das Ziel, das Sie am Ende erreichen werden, ganz anders aus als das, was Sie sich vorgestellt haben. Selbst wenn Sie immer wieder barfuß zwei Schritte vor und einen zurückgehen, so ist dieses langsame und beharrliche Weitergehen viel heilvoller, als wenn Sie stehenbleiben und verharren würden.

Wir wissen nicht, wann unsere Bemühungen Früchte tragen werden. Irgendwann werden sie es tun. Wenn nicht in diesem Leben, dann – so die buddhistische Ansicht – spätestens in einem der nächsten Leben. Ist das nicht eine lohnenswerte Aussicht?!

Zwölfter Aspekt: Den mittleren Weg gehen

In den Fußstapfen Buddhas und seiner Schüler: Als der historische Buddha auf der Suche nach Erleuchtung war, waren die religiösen Schulen von Extremen geprägt. Auch Siddharta Gautama – so hieß der Buddha vor seiner Erleuchtung – war Mitglied einer solch extremen Schule. Sie zeichnete sich besonders durch Abgewandtheit von der Welt und durch Askese aus. Die Praktiken grenzten teilweise an Selbstzerstörung. Als er sich in der Askese übte und eines Tages mit dem Zeigefinger auf seine Bauchdecke drückte, realisierte er, dass er gleichzeitig sein Rückgrat berührte. Erst nachdem er sich von diesen Praktiken distanzierte, fand er die Erleuchtung. Bei seiner ersten Lehrrede, die als Predigt von Benares in die Geschichte eingegangen ist, erläuterte Buddha seinen ehemaligen Gefährten, die ebenfalls extreme Askese praktiziert hatten, den sogenannten Mittleren Weg: „Zwei Extreme sind, ihr Mönche, nicht zu pflegen. Bei den Sinnendingen sich dem Anhaften am Sinnenwohl hingeben, dem niedrigen, gemeinen, gewöhnlichen, unedlen, heillosen; und sich der Selbstqual hingeben, der schmerzlichen, unedlen, heillosen. Diese beiden Extreme vermeidend, ist der Vollendete zum mittleren Vorgehen erwacht, das sehend und wissend macht, das zur Beruhigung, zum Überblick, zur Erwachung, zum Nirvana führt." Buddha wollte mit dieser Rede verdeutlichen, dass wahre Erkenntnis weder in einer Lebensweise zu finden ist, bei der man an materielle Dinge anhaftet, noch in exzessiver Askese oder Weltabgewandtheit.

Der Mittlere Weg als Lebensprinzip: Moderne buddhistische Lehrer werden nicht müde zu betonen, dass die Praxis des Mittleren Weges mitten im Alltag stattfindet. Anders ausgedrückt brachte es Jack Kornfield einmal auf den Punkt: „Gib einem Mönch eine eifersüchtige Ehefrau, zwei pubertierende Kinder und eine Steuererklärung. An seinem Umgang damit erkennst du, wieweit er fortgeschritten ist in seiner spirituellen Praxis." Aber auch Lehrer wie Sharon Salzberg, Jon Kabat-Zinn und James Baraz legen großen Wert darauf, dass ihre Leser und Schüler den Schwerpunkt nicht auf die Perfektionierung der formalen Meditationspraxis legen, sondern Achtsamkeit, Mitgefühl, Geduld und Dankbarkeit auch während der informellen Praxis, dem ganz normalen Alltag leben. Dies ist aber nur möglich, wenn wir den Mittleren Weg gehen.

Die buddhistische Psychologie hat nicht als Ziel, dass sich ein Mensch aus dem Leben zurückzieht und nur noch meditiert. Vielmehr ist es ihr ein Anliegen, dass wir *in* dieser Welt leben. Sie zeigt uns die Gegensätze und Widersprüchlichkeiten des menschlichen Lebens auf und hilft uns dabei, wie wir lernen können, in dieser Welt zu leben und zu sein, aber mit dem Bewusstsein, nicht von dieser Welt zu sein. Dies nennt man im Buddhismus, den Mittleren Weg zu gehen. Gemeint ist damit, dass wir jenen Weg gehen, der zwischen der totalen Selbstverleugnung und dem totalen Selbstgenuss liegt. Einen Weg, der frei von Leid und Sorge ist, weil wir nicht total identifiziert sind mit unseren Gedanken, Gefühlen und Körperempfindungen. Suchen wir unser Glück im Selbstgenuss, dann sind wir nicht frei. Kämpfen wir jedoch gegen uns selbst an, sind wir ebenfalls nicht frei und leiden.

Jack Kornfield beschreibt, dass der Mittlere Weg die Mitte zwischen Sein und Nicht-Sein ist, zwischen Form und Leerheit, zwischen freiem Willen und Determiniertheit.[72] Das bedeutet, dass wir eben in genau diese Mitte hinein entspannen können, wenn wir hier verankert sind, anstatt von dem Spiel der Gegensätze hin- und hergeschleudert zu werden. Wie aber kann uns dies gelingen? Nach Ansicht buddhistischer Lehrer ist es nur dann möglich, wenn wir uns dem Fluss des Lebens hingeben und nicht versuchen, gegen ihn anzukämpfen. Wenn uns dies gelingt, dann ist unser Geist in der Lage, immer ruhiger zu werden.

Persönliche Erfahrungen mit dem Mittleren Weg: Als mein Buch „Die Angst, der Buddha und ich" erschien, war ich zutiefst berührt über die vielen Leserbriefe, die ich erhielt. In dem Buch beschreibe ich, wie schwer es ist, mit all den Ängsten und Sorgen, die das Leben mit sich bringt, umzugehen, und einen mittleren Weg zwischen spiritueller Praxis und Integration der eigenen Ängste zu finden. So viele Menschen haben sich gesehen gefühlt. Ja, es scheint sogar ein Phänomen der heutigen Zeit zu sein, dass wir mehr denn je hin- und hergeschleudert werden zwischen dem, was das Leben und die Gesellschaft von uns fordert, und dem, was wir leisten können, und dem, was wir uns wünschen. Hier einen Weg der Mitte zu gehen und auf diesem dann ganz entspannt Schritt für Schritt zu gehen, scheint für mich überhaupt eine der größten Herausforderungen der heutigen Zeit zu sein. Umso wichtiger ist es, dass wir uns Quellen der Inspiration und Oasen der Ruhe schaffen, um den Mittleren Weg nicht aus dem Auge zu verlieren.

Eine Weisheit, die Sie auf Ihr Herz legen können:

„Sei achtsam und lasse zu, dass die Dinge ihren natürlich Lauf nehmen. Vertraue in das Leben und entspanne dich."

(Autor unbekannt)

45

Karte des Mittleren Weges Nr. 1

Offen sein für das, was ist

Wir sollten uns mit objektivem Geist
und einer gesunden Portion Skepsis
der Analyse unserer Überzeugungen widmen
und diese auf ihre Grundlagen hin untersuchen.

– Dalai Lama –

ÜBUNG: Vermeiden Sie heute extreme Ansichten, totalitäre Einstellungen oder dogmatische Haltungen. Hinterfragen Sie Ihre eigene Meinung über sich selbst, andere und das Leben. Sind Sie offen für andere Ansichten? Versuchen Sie, alles, was Ihnen begegnet, aus ganz unterschiedlichen Perspektiven zu betrachten. Ihre Meinung ist nur eine Facette der Realität.

Nie zuvor standen dem Menschen so viele Informationen zur Verfügung wie heute, zu Beginn des 21. Jahrhunderts. Wir haben fast unbegrenzten Zugriff auf die heiligen und geheimen Schriften der verschiedenen spirituellen Traditionen, sodass wir uns über die Vielfalt an spirituellen Wegen und Techniken ein umfassendes Bild machen können. Das gleiche gilt für die zahlreichen Ernährungsformen und Heilmethoden. Es gibt für jeden persönlichen Geschmack etwas. Trotzdem neigen wir immer wieder dazu, unsere eigene Sicht auf die Welt, Gesundheit oder unseren spirituellen

Weg als den *einzig* wahren Weg zu betrachten. Im extremsten Fall werden sogar Kriege geführt, wenn eine Sicht zu fundamentalistisch ist und anderen Ansichten keinen Raum lässt. Eine solch begrenzte Sicht beruht aber immer noch auf dem, was der Buddha als Unwissenheit bezeichnete. Sie macht uns blind für die Dinge, wie sie wirklich sind. Statt einen extremen Weg in Bezug auf eine spirituelle Praxis, Ernährung oder einen Lebensweg zu gehen, rät auch die buddhistische Psychologie uns in Anlehnung an die Lehren des Buddha, uns selbst mit einem objektiven Geist, einer gesunden Portion Skepsis und Neugierde unseren eigenen Überzeugungen zu widmen und diese aus verschiedenen Perspektiven zu betrachten und auf ihre Grundlagen hin zu untersuchen. Erst wenn wir diese Grundlagen wirklich verstanden und durchdrungen haben, entwickeln wir eine Sicht auf uns selbst, andere Menschen und das Leben, die auf tiefer Einsicht und in Folge auf Weisheit basiert.

Wie tolerant sind Sie anderen Sicht- und Glaubensweisen gegenüber? Denken Sie, dass nur Ihre Sicht auf die Welt, eine Ernährungsform, eine Partei oder eine spirituelle Tradition die einzig richtige Sichtweise ist? Sollten Sie dazu tendieren, andere Meinungen abzulehnen, dann versuchen Sie doch einmal, sich von Ihren Vorurteilen zu befreien und dem Leben unvoreingenommen zu begegnen. Seinen Sie offen!

Ein weiter Geist und ein offenes Herz sind aber nur möglich, wenn Sie achtsam sind. Denn leider hat unser Geist die Tendenz, alles konstant zu bewerten und zu verurteilen. Aber auch hier ist eine Änderung des Geistes von einem Scheuklappenblick hin zu einem weiten Horizont möglich.

Wenn Sie Achtsamkeit kultivieren und eine gewisse skeptische Neugier Ihren eigenen Meinungen und Urteilen gegenüber entwickeln, heißt das, für alle anderen Möglichkeiten und Meinungen offen sein. Dadurch entsteht vielleicht der Wunsch in Ihnen, mehr über das zu erfahren, was Sie bislang abgelehnt haben oder was Ihnen fremd und damit unzugänglich war. Eine solche Offenheit führt Sie automatisch auf den Mittleren Weg, auf dem Ihr Herz zu Ihrem Kompass wird.

46

Karte des Mittleren Weges Nr. 2

Die Angst vor der Angst verlieren

Der Mittlere Weg ist die Verwirklichung der So-heit.
Jenseits von Gut und Böse,
jederzeit mit allen Dingen präsent,
gleichzeitig Pfad und Ziel.

– Shantideva –

ÜBUNG: Machen Sie sich Ihre Ängste bewusst. Benennen Sie sie. Nur so können Sie in Ihrer Mitte bleiben und souverän und gelassen mit dem umgehen, was das Leben an Sie heranträgt. Sagen Sie sich immer wieder: „Ich lasse mich nicht von meinen Ängsten aus dem gegenwärtigen Moment vertreiben!"

An und für sich ist Angst ein durch und durch gesundes Gefühl. Sie ist überlebensnotwendig, weil sie uns vor Gefahren schützt und uns wach sein lässt. Die Angst kann uns aber auch das Leben schwermachen, wenn sie uns beherrscht und wir nicht mehr in der Lage sind, den Unterschied zwischen einer gesunden und krankhafter Angst zu erkennen. Sind wir voller Angst, sind wir weit weg von der eigenen Mitte. Dann ist unser Blick auf das Leben verstellt und unser Denken und Handeln unachtsam. Sind wir hingegen in der Lage, die Angst aus der eigenen Mitte heraus zu betrachten, merken wir schnell, wann und ob eine Angst, die uns plagt, gerechtfertigt ist und wann nicht.

Wenn Sie sich intensiver mit Ihren Ängsten beschäftigen, werden Sie schnell feststellen, dass sie viel präsenter in Ihrem Leben ist, als Ihnen vielleicht lieb und auch bewusst ist. Angst ist allgegenwärtig und wird schlimmerweise auch noch von den Medien geschürt. Werden Sie achtsamer im Umgang mit Ihren Ängsten, dann können Sie diese überwinden. Wichtig ist, dass Sie bemerken, wie sich Ängste in Ihrem Leben auswirken.

Sind Sie achtsam, werden Sie bestimmte Muster erkennen und realisieren, in welchen Situationen Ihre Angst genährt wird.

Angst geht immer mit Gefühlen oder Gedanken einher. Manchmal sind die Gedanken allerdings so subtil, dass Sie diese vielleicht gar nicht bemerken. Ängste beziehen sich häufig auf die Zukunft. Sind Sie hingegen in Ihrer Mitte und ruht Ihr Geist in der Gegenwart, dann haben angstvolle Gedanken keine Chance, Sie zu überwältigen. Sind Sie in Ihrer Mitte, sind Sie ganz präsent im Hier und Jetzt verankert. Dann erfahren Sie unmittelbar aus dem gegenwärtigen Moment, dass es nichts gibt, vor dem Sie Angst haben müssen.

47

Karte des Mittleren Weges Nr. 3

Sich von Süchten befreien

Die Gier, der keine Zügel angelegt werden,
macht den Geist des Menschen zum Sklaven.
Sie lässt ihm keine Sekunde Ruhe,
denn ständig strebt er danach,
möglichst täglich Bedingungen zu schaffen,
welche ihn in den Besitz der begehrten Sinnesobjekte versetzen.

– Dalai Lama –

ÜBUNG: **G**ibt es etwas, dem Sie nicht widerstehen können? Alkohol, Schokolade oder das Internet? Widmen Sie heute einer Sucht Ihre Aufmerksamkeit. Untersuchen Sie, wofür diese Sehn-Sucht steht. Ergründen Sie achtsam, wann dieses Suchtverhalten auftritt. Den Weg der Mitte zu gehen heißt, sich von Extremen zu befreien.

Die buddhistische Psychologie hat nicht zum Ziel, dass wir uns aus der Welt zurückziehen und nur noch meditieren. Ganz im Gegenteil. Für sie ist es wichtig, dass wir mitten im Leben stehen können. Sie gibt uns eine Vielzahl von Techniken, Meditationen und Übungen an die Hand, um barfuß Schritt für Schritt unseren Weg zu gehen. Dies ist nicht immer einfach. Besonders in stressigen Zeiten sind wir gefordert, uns nicht in Arbeit zu verlieren, sondern auch weiterhin zu praktizieren.

Aber diese Techniken können eine wertvolle Hilfe darstellen, nicht aus der Bahn geworfen zu werden. Wenn Sie sich auf Ihre Mitte konzentrieren und sich in Ihr verankern, können Sie stressige Zeiten entspannt und gelassen meistern wie ein Buddha. Dann können Sie in solchen Zeiten auch ein Glas Wein trinken oder ein Stück Kuchen essen, ohne es als ein Kompensationsmittel zu verwenden.

Wenn es Ihnen schwerfällt, in Ihre Mitte zu kommen, dann kann Ihnen dies besonders gut mit Hilfe der verschiedenen Atem- und Achtsamkeitsübungen gelingen. Diese bringen Sie lang anhaltender in Ihre Mitte als Wein, Schokolade oder das Internet.

Manchmal ist es auch sinnvoll, in besonders stressigen Zeiten einfach mal zwei Tage auszusteigen. Ein Wellnesshotel oder ein Entschlackungswochenende ohne Telefon können Wunder wirken. Selbst dann, wenn Sie das Gefühl haben, es sich gerade jetzt nicht leisten zu können, tut eine solche Auszeit – paradoxerweise – besonders gut. Denken Sie immer wieder an die Weisheit aus dem Zen: Wenn du es eilig hast, gehe einen Umweg.

48

Karte des Mittleren Weges Nr. 4

Vertrauen finden

Wer den Mittleren Weg beschreiten will,
braucht Vertrauen ins Leben.

– Jack Kornfield –

ÜBUNG: Machen Sie sich bewusst, dass Sie selbst es sind, der Sie stresst. Bleiben Sie in Ihrer Mitte und gehen Sie souverän und gelassen mit dem um, was das Leben an Sie heranträgt. Sagen Sie sich immer wieder: „Ich vertraue, dass alles gut wird, und lasse mich deshalb von nichts aus meiner Mitte bringen!“

Den meisten von uns fällt es schwer, bedingungslos auf das Leben zu vertrauen. Laufen die Dinge gut, dann haben wir das Gefühl, dass bald etwas passieren wird, was zu Leid führt. Oder wir lassen es erst gar nicht so weit kommen, weil wir glauben, es nicht verdient zu haben, dass es uns gut geht. Meistens kämpfen wir automatisch immer gegen das an, was gerade ist. Vertrauen wir hingegen in das Leben, können wir entspannen und sehen, was wirklich ist. Wenn wir sehen, was wirklich ist, dann können wir uns auch vom Vertrauen tragen lassen und den Mittleren Weg gehen. Rückwirkend erkennt jeder von uns, dass die Dinge, die uns im Verlauf unseres Lebens passiert sind, letztendlich zum eigenen Wohl passiert sind und sich zusammenfügen wie ein Puzzle. Etwas in uns weiß, dass wir auf den Mittleren Weg vertrauen können, weil uns das Leben dann Leichtigkeit und Anmut schenkt. Etwas in uns weiß auch, dass wir uns auf dem sich ewig wandelnden Fluss des Lebens treiben lassen können, weil das Leben uns trägt. Ob wir wollen oder nicht. Ob wir daran glauben oder nicht. Ob wir Vertrauen haben oder nicht. Es trägt uns einfach.

Der buddhistischen Psychologie ist es ein großes Anliegen, uns diese Erkenntnis zu vermitteln und uns zu lehren, dass wir überall dorthin finden können, sowohl auf dem Meditationskissen als auch an der Kasse im Supermarkt. Die buddhistischen Lehren versuchen uns zu vermitteln, dass wir ganz im Hier und Jetzt ruhen, wenn wir auf dem Mittleren Weg gehen. Gemeint ist, in der Präsenz der Gegenwart zu verweilen, und zu erfahren, wie die Gegensätze von Anziehung und Ablehnung sich auflösen, die Spannung zwischen Gewinn und Verlust wegfällt, die Pole von Raum und Zeit verschwinden und die Dualität in der Präsenz aufgeht.

Gehen Sie deshalb gelassen und entspannt wie ein Buddha Ihren eigenen Mittleren Weg. Wie genau dieser aussieht, können nur Sie bestimmen. Aber dann werden Sie lernen, Widersprüche, Spannungen und Krisen auszuhalten. Dann werden Sie viel mehr in das Leben und in all Ihre Gefühle, Gedanken und Körperempfindungen entspannen, ohne von ihnen überwältigt zu werden. Vertrauen Sie darauf, dass alles, was passiert, zu Ihrem Wohl passiert!

Dreizehnter Aspekt: Den klaren Raum des Bewusstseins erfahren

In den Fußstapfen Buddhas und seiner Schüler: Es war das Anliegen Buddhas, eines seinen Schülern zu vermitteln, nämlich dass es einen Weg aus dem Leid gibt. Dieser Weg besteht darin, dass wir alle unseren Geist in seinen bewussten, unbewussten, individuellen und kollektiven Dimensionen und in seiner Dynamik tiefer erforschen und verstehen, um zu erkennen, dass die Essenz unseres Bewusstseins klar, rein und unsterblich ist. Dieses Bemühen um ein tieferes Verständnis des eigenen Geistes dient niemals dem Selbstzweck, sondern es geht im Sinne Buddhas immer darum, Leid zu überwinden oder besser noch zu vermeiden, sowie Frieden und Glück für alle Wesen zu ermöglichen und zu fördern. Dies ist aber nur möglich, wenn wir unsere Sicht verändern – weg von den Inhalten des Bewusstseins hin zum klaren Raum des Bewusstseins. Dies ist auch das Anliegen der buddhistischen Psychologie, die sich im Vergleich zur westlichen Psychologie nicht in erster Linie auf die Inhalte des Ichs bezieht, sondern mit der Natur und dem Ursprung des Bewusstseins. Im Verlauf der Jahrtausende hat sie dies ausführlich in der Meditation erforscht und beschreibt es folgendermaßen: „In seinem natürlichen Zustand ist das Bewusstsein nackt, unbefleckt, klar, raumhaft, transparent, zeitlos und jenseits aller Bedingtheit", heißt es im Tibetischen Buch von der Großen Befreiung. „O edel Geborener, erinnere dich des klaren offenen Himmels deiner eigenen Natur." [73]

Erst langsam öffnet sich auch die westliche Psychologie dafür, dass es verschiedene Ebenen des Bewusstseins gibt, wozu auch solche gehören, die noch nicht verifizierbar sind. Die Transpersonale Psychologie, sowie der Dalai Lama, der dies in Zusammenarbeit mit vielen Mönchen und Wissenschaftlern buddhistisch systematisch erforscht, haben dazu beigetragen, dass die verschiedenen Ebenen des Bewusstseins langsam mehr Anerkennung erlangen. Natürlich spielt die Auseinandersetzung mit den Bewusstseinsinhalten in der buddhistischen Psychologie auch eine wichtige Rolle, denn so wissen besonders jene buddhistischen Lehrer, die auch als Therapeuten arbeiten, dass wir eine Auseinandersetzung mit unserer Biografie nicht umschiffen können. Gleichzeitig geht sie aber noch einen wesentlichen Schritt in ihrer Arbeit weiter und setzt sich damit auseinander, was das Bewusstsein an sich ausmacht, und wie es unabhängig von Inhalten funktioniert.

Das klare Bewusstsein als Lebensprinzip: Diesen Aspekt zu leben, gehört wohl zu den größten Herausforderungen, weil wir den weiten und klaren Raum des Bewusstseins *nicht* über unseren Verstand erfassen können, sondern nur unmittelbar erfahren können. Die buddhistische Psychologie geht von zwei grundlegenden Aspekten des Bewusstseins aus: dem „klaren/absoluten“ Bewusstsein, das offen, transparent, rein, zeitlos, unbegrenzt, offen und unsterblich ist. Und dem „unklaren/episodischen“ Bewusstsein, das immer von der aktuellen Erfahrung gefärbt, flüchtig, bedingt ist und die aktuelle Sinneserfahrung registriert[74] und das wir in der Summe der Erfahrung für unser Ich halten. Die buddhistische Psychologie beschreibt das episodische

Bewusstsein in Form von 121 verschiedenen Zuständen, die weit, eng, freudvoll, ängstlich etc. sein können. Sie möchte das klare Bewusstsein erlebbar machen, als etwas, das unabhängig vom linearen Raum-Zeiterleben, Objekten oder Inhalten existiert und funktioniert. Das Bewusstsein ist das, was die Erfahrung macht, ohne an Körperempfindungen, Gefühle und Gedanken gebunden zu sein. Es ist das, was weiß. [75] Für die meisten von uns ist es allerdings gleichermaßen so unfassbar und so selbstverständlich, dass wir es nicht fassen können.

Die westliche Psychologie konzentriert sich auf die Inhalte des Bewusstseins, auf die Erfahrungen, die wir über die körperlichen Empfindungen, über die Gefühle und die Gedanken machen. Unser Bewusstsein nimmt sämtliche Eindrücke auf, sobald wir etwas riechen, schmecken, fühlen, sehen und hören. Das passiert so blitzschnell, dass wir es gar nicht realisieren. Der erste Schritt in der buddhistischen Psychologie ist es, durch intensive Praxis der Achtsamkeit, der Beobachtung der eigenen Körperempfindungen, Gefühle, den Moment des Entstehens und Vergehens einer Erfahrung im Bewusstsein mitzubekommen und zu erkennen, dass es „nur" flüchtige Erlebnisse sind. Ein hilfreicher zweiter Schritt ist der, sich mit eben diesen Erfahrungen nicht mehr zu identifizieren. Schließlich sind sämtliche Geistes- und Gefühlszustände nur flüchtige Erscheinungen im Bewusstsein. Erfahren wir den weiten Raum des klaren Bewusstseins, dann erleben wir, dass wir nicht unsere körperlichen Empfindungen, Gedanken und Gefühle sind. Die Praxis der Achtsamkeit und Meditation zielt darauf ab, sich des eigenen Bewusstseins gewahr zu werden, ohne sich in die Erfahrungen verwickeln zu lassen.

Durch diese Erfahrung werden wir frei und erkennen, dass wir viel mehr sind, nämlich ein weiter Raum, der mit allem verbunden ist, und gleichzeitig frei von allem ist. Es geht darum, dass wir mit unserem Geist die Funktionsweise des Geistes kennenzulernen. Es braucht viel Achtsamkeit, Geduld und Offenheit, die Beobachtungsgabe für den eigenen Geist zu entwickeln und diesen wertfrei wahrzunehmen und zu untersuchen.

Im Buddhismus bezeichnet man die unerschöpfliche Quelle von Ideen, Kreativität, Konzepten, geistigen Bildern, Lösungswegen als den denkenden Geist. Bei genauer Betrachtung erkennen wir allerdings, dass eben dieser denkende Geist viel, viel mehr ist und zahlreiche Geisteszustände enthält, in die die Denkprozesse eingebettet sind, nämlich all unsere Instinkte, unsere unterschiedlichen Stimmungen, verschiedenste Gefühle und unsere intuitiven Einsichten. Ja, dieses Bewusstsein ist überhaupt ein ganz zentraler Faktor unseres Daseins. Dieses klare Bewusstsein ist die Grundvoraussetzung für unser Leben. Unser Körper interagiert zwar mit dem Bewusstsein, ist aber nicht seine Quelle und existiert somit auch unabhängig von einem Objekt. Wir tun uns mit dem Bewusstsein so schwer, weil wir es nicht greifen können. Es hat weder Form noch Farbe. Es ist klar und rein. Es ist unsterblich. Es ist. Gleichzeitig ist es transparent, veränderlich und lebendig. Entspannen wir uns in diesen offenen, transparenten Raum des Bewusstseins hinein, dann können wir der buddhistischen Psychologie zufolge das erleben, was als der klare offene Himmel des Gewahrseins bezeichnet wird. Auf Grund seiner Transparenz und Klarheit ist er leer wie der Raum, aber im Gegensatz zum Raum besitzt er die Fähigkeit, wahrzunehmen und

Erfahrungen zu machen. Jack Kornfield bezeichnet es folgendermaßen, dass das Bewusstsein eben diese Qualität des Erfahrens – klar, offen, wach, ohne Farbe oder Form, alle Dinge umfassend und doch nicht von ihnen begrenzt – hat und deshalb als unbegrenzt beschrieben wird.[76] Im Buddhismus wird dieses reine Bewusstsein auch gerne mit dem Horizont verglichen. Genauso wie am Himmel Wolken entstehen, Unwetter geschehen und Stürme kommen und gehen, so bleibt der Himmel selbst aber vollkommen unberührt von den Wettererscheinungen. Er bleibt seiner Natur nach offen, unbegrenzt und ungetrübt von all dem, was sich in seiner Sphäre abspielt. Das reine Bewusstsein wird von all den Erscheinungen nicht berührt. Aus diesem Grund verwendet man im Buddhismus gerne den Spiegel als eine Metapher für das Bewusstsein. Ein Spiegel bleibt klar und rein, strahlend und hell, egal was sich darin spiegelt, ob hell oder dunkel, ob düster oder schön.

Persönliche Erfahrungen mit dem klaren Bewusstsein:

Es gibt nichts mehr zu suchen.
Es gibt nichts mehr zu finden.
Alles IST einfach nur da.
So wie es schon immer da war und immer da sein wird.
Es gibt auch nichts zu erfahren.
So wie es nichts zu sehen und auch nichts zu hören gibt,
dann, wenn ich einfach nur BIN.
Es gibt auch nichts zu beweisen und nichts zu verteidigen.
Es gibt nicht einmal ein Gefühl,
wenn ich BIN.
Selbst das Gefühl der All-Liebe ist nur ein Gefühl,

ist Illusion und ein Traum,
der mir das Gefühl vermittelt, zu sein.
Aber wenn ich BIN,
dann gibt es nur das SEIN,
das allumfassende NICHT-MEHR-GETRENNT-SEIN.
Alles und nichts in einem.
Gefühllos-Geräuschlos-Bedingungslos.
Jeder Versuch,
das IST und SEIN in Worte zu fassen,
trennt mich vom SEIN bzw. NICHT-SEIN.
Das Greifen und Suchen nach Worten nimmt der Leere seinen Inhalt.
Ich war immer da und werde immer da sein.[77]

Eine Weisheit, die Sie auf Ihr Herz legen können:

„Sprich oder handle mit getäuschtem Geist, und das Leid wird dir folgen, wie das Rad dem Ochsen folgt, der den Wagen zieht. Sprich und handle mit klarem Geist, und das Glück wird dir unweigerlich folgen wie dein eigener Schatten."

Dhammapada

49

Bewusstseinskarte Nr. 1

Der Blick in den Spiegel

Lichthaft ist das Bewusstsein,
voll Klarheit und Strahlen seine Natur,
doch es wird verdunkelt von den Anhaftungen,
die darin entstehen.

– Anguttara Nikaya –

ÜBUNG: Versuchen Sie beim Blick in den Spiegel nicht nur einen oberflächlichen Blick auf sich selbst zu werfen. Fragen Sie sich: Wer schaut in den Spiegel? Versuchen Sie mit dem reinen Bewusstsein in sich in Kontakt zu kommen. Es ist jener Teil, der nicht altert und nicht stirbt.

In der buddhistischen Psychologie wird das reine Bewusstsein, das gerne auch als die Buddhanatur bezeichnet wird, als das beschrieben, was die Erfahrung macht. Was genau damit gemeint ist, erfahren Sie, wenn Sie die Übung mit dem Spiegel machen. Etwas in Ihnen schaut seit Anbeginn des Seins auf die gleiche Weise in den Spiegel. Vollkommen unberührt davon, dass Ihr Körper einen Alterungsprozess durchlebt, und vollkommen unbeeindruckt von biografischen Erfahrungen. Diese sind an das lineare Erleben von Raum und Zeit gebunden, während das reine Bewusstsein vollkommen frei davon ist. Normalerweise aber sind wir uns des Bewusstseins selbst gar nicht bewusst. Es ist so selbstverständlich für uns wie die Luft, die wir atmen, die immer da ist, die wir aber nicht sehen und ohne die wir auch nicht leben könnten. Deshalb konzentrieren wir uns auch fälschlicherweise immer auf die Inhalte unseres Bewusstseins, sprich auf unsere Gedanken, Gefühle und Körperempfindungen, und halten dies für unsere wirkliche und letzte Realität.

Richten Sie Ihre Aufmerksamkeit weg von den Inhalten hin zum Raum des Bewusstseins. Dann werden Sie die Erfahrung machen, dass Sie all diese Erfahrungen zwar machen, sie aber vergänglich und nicht Ihre letzte Wirklichkeit sind. Sie werden feststellen, dass sich dann etwas Wesentliches verändert: Sie werden aufhören, so lange und so viel zu leiden! Sie werden frei, weil Sie die Weite Ihres Bewusstseins erfahren und erleben, dass es unendlich viel mehr gibt als die Fixierung auf Ihr Ich-Erleben.

Versuchen Sie deshalb immer wieder, Ihr eigenes Bewusstsein zu beobachten, ohne sich in die jeweilige Erfahrung verwickeln zu lassen. Alles, was es braucht, ist Ihre Achtsamkeit. Richten Sie Ihre Aufmerksamkeit immer wieder weg von den Inhalten der einzelnen Erfahrungen, Ihrer Gedanken und Gefühle. Lenken Sie Ihre Aufmerksamkeit auf das, was in Ihnen passiert, und untersuchen Sie, wie Ihr Geist arbeitet, worauf er reagiert und was in Ihnen vorgeht, sobald Sie Ihre Aufmerksamkeit weg von den Inhalten der Erfahrungen hin zum Bewusstsein selbst richten.

50

Bewusstseinskarte Nr. 2

Die Quelle des Bewusstseins finden

Entwickle einen Geist,
der so offen ist wie der Raum,
in dem die angenehmen und unangenehmen Erfahrungen
entstehen und vergehen können,
ohne Konflikte oder Leid hervorzurufen.
Verweile in diesem Geist wie im weiten Himmel.

– Majjhima Nikaya –

ÜBUNG: Gehen Sie heute bei der Meditation mit Ihrer Aufmerksamkeit weg von den Inhalten Ihres Bewusstseins, hin zum Bewusstsein selbst. Hat es eine bestimmte Farbe oder Form? Seien Sie offen. Nehmen Sie achtsam wahr, was passiert, wenn Sie sich nicht auf die Inhalte des Bewusstseins beziehen.

Versuchen Sie, in diesen offenen, transparenten Raum des Bewusstseins hinein zu entspannen. Dann werden Sie das erleben, was als der klare offene Himmel des Gewahrseins bezeichnet wird. Öffnen Sie sich für diese Erfahrung, ohne sie mit dem Verstand erfassen zu wollen. Öffnen Sie sich einfach für das in Ihnen, was transparent und klar ist, leer wie der Raum, aber im Gegensatz zum Raum die Fähigkeit besitzt, wahrzunehmen und Erfahrungen zu machen.

Wenn Ihnen die Vorstellung eines klaren und offenen Raumes zu abstrakt ist, dann stellen Sie sich dieses reine Bewusstsein als einen Horizont vor. Genauso wie am Himmel Wolken entstehen, Unwetter geschehen und Stürme kommen und gehen, so bleibt der Himmel selbst aber vollkommen unberührt von den Wettererscheinungen. Er bleibt seiner Natur nach offen, unbegrenzt und ungetrübt von all dem, was sich in seiner Sphäre abspielt. Das reine Bewusstsein wird von all den Erscheinungen nicht berührt. Aus diesem Grund verwendet man im Buddhismus gerne den Spiegel als eine Metapher für das Bewusstsein. Ein Spiegel bleibt klar und rein, strahlend und hell, egal was sich darin spiegelt, ob hell oder dunkel, ob düster oder schön.

51

Bewusstseinskarte Nr. 3

Die verschiedenen Dimensionen des Bewusstseins erleben

Der Geist ist wie ein Fernseher
mit Hunderten von Kanälen.
Welchen Kanal schalten Sie ein?

– Thich Nhat Hanh –

ÜBUNG: Machen Sie sich heute in der Meditation bewusst, dass es sich bei Ihren Gefühlen, Gedanken und Körperempfindungen nur um Erscheinungen im Bewusstsein handelt, vergleichbar mit einem Radiosender. Was läuft gerade. Ein Drama? Eine Komödie? Sie können umschalten und einen anderen Sender wählen. Probieren Sie es einfach aus!

Nehmen Sie sich Zeit, Ihre Geisteszustände zu untersuchen. Nehmen Sie sich dafür einen Tag, an dem Sie Probleme haben. Nehmen Sie Ihre eigenen Geisteszustände wahr, ohne sich mit ihnen zu identifizieren. Ohne sie zu bewerten. Meistens treten mehrere unheilvolle Geisteszustände gleichzeitig auf. Wenn Sie sich zum Beispiel um Ihre Zukunft Gedanken machen, dann können Zustände auftreten wie: Sorge, Angst, Zweifel oder auch Verwirrung, Ruhelosigkeit oder eine falsche Wahrnehmung der Zukunft. Nehmen Sie sich heute vor, Ihren Geist achtsam, wach und wertfrei zu beobachten – ohne sich mit den Geisteszuständen zu identifizieren. Nehmen Sie einfach wahr, was gerade passiert. Wie lange dauert Ihr Gefühl von Sorge, Ärger oder Zweifel? Wann fangen Sie an, sich in diesem Zustand zu verstricken? Was hilft Ihnen, sich daraus zu befreien? Wenn Ihnen Einsichten kommen, sind Sie bereits dabei, sich aus dem Würgegriff der unheilsamen Geisteszustände zu befreien.

Nehmen Sie für einen anderen Tag Ihre heilvollen Geisteszustände ins Visier. Fühlen Sie sich besonders ausgeglichen, gut gelaunt, freudig, weise oder liebevoll? Welche Zustände herrschen vor? Wie lange dauern sie an? Wodurch werden sie ausgelöst? Wann vergehen sie wieder? Woran halten Sie besonders fest?

Machen Sie sich Notizen und nehmen Sie wahr, an welchen Zuständen – egal ob unheilvoll oder heilvoll – Sie besonders festhalten.

Machen Sie sich bewusst, wie sich die Zustände auf Sie auswirken. Was verändert sich, wenn Sie Ihre Aufmerksamkeit weg von den Inhalten hin zum reinen Bewusstsein lenken?

Seien Sie neugierig und untersuchen Sie die Zustände. Es gibt nicht nur schwarz-weiß, sondern insgesamt 121 Zustände! Versuchen Sie, sich der Natur Ihrer Zustände bewusst zu werden und sie zu beschreiben.

Wenn Sie die Übung vertiefen möchten, dann stellen Sie sich vor, dass Ihr Bewusstein ein Fernseher ist und verschiedene Kanäle hat. Stellen Sie sich vor, dass Sie 121 Kanäle haben. Benennen Sie Ihre Kanäle. Was läuft gerade? Haben Sie keine Lust mehr auf den Film, der gerade läuft? Dann schalten Sie doch um. Sie können jederzeit einen anderen Zustand wählen. Sie haben die Wahl!

Wiederholen Sie die Praxis.

52

Bewusstseinskarte Nr. 4

Den Edlen Kern erkennen

Der Edle Kern ist unsere innere Zuflucht,
unsere Kraftquelle,
die leider im Laufe unseres Erwachsenwerdens
kleine oder auch größere Panzerschalen erhalten hat.

– Matthias Ennenbach –

ÜBUNG: **N**ehmen Sie sich über den Tag verteilt immer wieder Zeit, um mit Ihrem Inneren Edlen Kern in Verbindung zu kommen. Jenem Teil, der unverletzlich ist, unsterblich ist.

Wenn Ihnen die Vorstellung von reinem, klarem Bewusstsein zu abstrakt ist, dann stellen Sie sich vor, dass Sie einen Edlen Inneren Kern besitzen. Er ist unsterblich. Er ist unverletzlich. Normalerweise wissen wir nicht um ihn, weil wir so sehr mit unserem Ich, unserer Rolle als Mann, Frau, Manager, Lehrer etc. und den daraus entstehenden Körperempfindungen, Gedanken und Gefühlen identifiziert sind. Aber nicht nur das. Meistens sind wir tendenziell mit unseren Schattenseiten identifiziert. Wir glauben eher an das Schlechte in uns als an das Gute. Wir glauben, dass wir nicht liebenswert oder nicht gut genug sind. Oder aber wir sind so sehr von unserem Ich überzeugt, dass es sich uns in den Weg stellt und den Blick verstellt für das, was hinter dem äußerlichen Erfolg, einer Fassade etc. liegt. Deshalb ist es das wichtigste Ziel der buddhistischen Psychologie, die Menschen dazu zu bewegen, einen Blick hinter die Identifikation mit dem Ich, hinter die Schutzschicht aus Verletzungen und Rollen zu werfen. Gelingt uns dies, uns auch nur einen Moment dafür zu öffnen, dann können wir in Kontakt kommen mit unserer ursprünglichen Buddhanatur, unserer ursprünglichen Güte. In einem solchen Moment erfahren wir, wer wir wirklich sind. Meistens verstellt unser Verstand aber bereits kurz darauf den Blick auf unser wahres Wesen. Dann richten wir unseren Fokus wieder auf unseren Schutzpanzer aus Angst, Furcht, Ablehnung, Depression, Verwirrung, Wut, Stress und vergessen wieder, wer wir sind.

Weiten Sie Ihren Blick und erinnern Sie sich an Ihren Edlen Inneren Kern. Sie brauchen ihn nur freizulegen. So, wie es in der folgenden Geschichte passiert: „Michelangelo war ein begnadeter Künstler und Bildhauer. Eines Tages ging er in Florenz spazieren und kam an einem Geschäft für Steinblöcke vorbei. Er schaute sich die Steinblöcke auf dem Hof an und entschied sich für einen bestimmten. „Diesen Block will ich kaufen." Der Marmorhändler erwiderte: „Dieser Block ist nicht gut. Er hat zu viel Maserung. Den kann ich nicht empfehlen." Michelangelo bestand aber darauf. „Nein, genau den will ich haben! Ich komme hinterher vorbei und zeige dir, was daraus geworden ist." Aus diesem Marmorblock schuf Michelangelo die Pietà, jene wunderschöne Skulptur, die heute im Petersdom in Rom steht. Sie zeigt Mutter Maria mit dem toten Jesus auf den Armen. Ein unglaubliches Kunstwerk, vor dem man einfach vollkommen berührt steht. Michelangelo zeigte die

Pietà dem Steinhändler, der überrascht fragte: „Aus diesem Block hast du sie gemacht?" Michelangelo erwiderte dem Steinmetz: „Nein, ich habe sie nicht gemacht. Sie war die ganze Zeit schon darin. Ich habe nur alles entfernt, was nicht dazu gehörte." [78]

Auch in Ihnen ist die Pieta, ein Edler Kern. Dafür brauchen Sie nichts Besonderes zu leisten. Nichts zu vollbringen! Das Einzige, was es dazu braucht, ist, dass Sie den Blick weg vom Leid, all Ihren tiefsitzenden Ängsten, Zweifeln und Sorgen richten hin zu Ihrem Edlen Kern. Dass dies möglich ist, hat der Buddha uns vorgelebt. Er selbst hat es erfahren und an seine Schüler weitergegeben: „Wenn es nicht möglich wäre, das Herz von der Befleckung durch leidvolle Zustände frei zu machen", sprach der Buddha, „würde ich Euch nicht lehren, eben das zu tun. Doch weil es möglich ist, erteile ich diese Lehren."[79]

Anhang

Literatur

Baraz, James, Shoshona Alexander: *Freude.* Nymphenburger Verlag, 2010

Batchelor, Martine: *Innere Grenzen sprengen. Verhaltensmuster verändern und Gewohnheiten loslassen.* Knaur MensSana, 2009

Batchelor, Martine: *Meditation.* Arbor Verlag, 2003

Bays, Jan Chozen: *Achtsam durch den Tag. 53 federleichte Übungen zur Schulung der Achtsamkeit.* Windpferd, 2012

Beck, Charlotte Joko: *Zen im Alltag.* Knaur MensSana, 2005

Bottini, Oliver: *Das große O. W. Barth-Buch des Buddhismus.* O. W. Barth, 2004

Bottini Oliver: *Das große O. W. Barth-Buch der Meditation.* O. W. Barth, 2006

Chödrön, Pema: *Geh an die Orte, die du fürchtest.* Arbor Verlag, 2001

Dalai Lama: *Zuflucht zur Geduld. Worte für alle Tage.* Diederichs Verlag, 2009

Dalai Lama: *Glücksregeln für eine verunsicherte Welt.* Herder Verlag, 2011

Dahlke, Rüdiger: *Das Geheimnis des Loslassens. Ballast abwerfen und inneren Reichtum gewinnen.* GU Verlag, 2013

Ennenbach, Matthias: *Praxisbuch Buddhistische Psychotherapie. Konkrete Behandlungsmethoden und Anleitung zur Selbsthilfe.* Windpferd, 2012

Ennenbach, Matthias: *Buddhistische Psychotherapie. Ein Leitfaden für heilsame Veränderungen.* Windpferd Verlag, 2010

Hanson, Rick und Mendius, Richard: *Das Gehirn eines Buddha. Die angewandte Neurowissenschaft von Glück, Liebe und Weisheit.* Arbor Verlag, 2011

Hanson Dr. phil., Rick, und Mendius Dr., Richard: *Meditationen um das Gehirn zu verändern. Wie wir unsere Nervenbahnen neu verdrahten.* Windpferd, 2009

Hanson, Rick: Just 1 thing. *So entwickeln Sie das Gehirn eines Buddha.* Arbor Verlag, 2012

Han Shan: *Wer loslässt hat beide Hände frei.* Bastei Lübbe, 2011

Han Shan: *Achtsamkeit. Die höchste Form des Selbstmanagement.* Trinity, 2012

Iding, Doris: *Der kleine Achtsamkeitscoach.* GU Verlag, 2012,

Iding, Doris: *Alles ist Yoga. Weisheitsgeschichten aus dem Yoga.* Schirner Verlag, 2009

Iding, Doris: *Die Angst, der Buddha und ich.* Nymphenburger Verlag, 2013

Iding, Doris: *Die heilende Kraft des Bewussten Atems,* Knaur, 2004 Kabat-Zinn, Jon: *Die heilende Kraft der Achtsamkeit* [Audiobook]. Arbor Verlag, 2009

Kabat-Zinn, Jon: *Achtsamkeit und Meditation im täglichen Leben* [Audiobook], Arbor Verlag, 2007

Kabat-Zinn, Jon: *Zur Besinnung kommen: Die Weisheit der Sinne und der Sinn der Achtsamkeit in einer aus den Fugen geratenen Welt.* Arbor Verlag, 2009

Khema, Ayya: *Die Ewigkeit ist jetzt. Buddhas Lehre lebensnah erfahren und inneren Frieden finden.* O.W. Barth Verlag, 1998

Kornfield, Jack: *Nach der Erleuchtung Wäsche waschen und Kartoffeln schälen: Wie spirituelle Erfahrung das Leben verändert.* Kösel Verlag, 2010

Kornfield, Jack: *Das weise Herz.* Goldmann Arkana, 2008

Kornfield, Jack: *Frag den Buddha und geh den Weg des Herzens.* Kösel Verlag, 2009

Maharshi, Ramana: Gespräche des Weisen vom Berge Arunachala. Ansanta Verlag, 1984

Mannschatz, Marie: *Mit Buddha zu innerer Balance. Wie Sie aus der Achterbahn der Gefühle aussteigen.* GU, 2011

Ray, A. Reginald: *Die Intelligenz des Körpers. Buddhistisch inspirierte Körperarbeit als Schlüssel zur Heilung und Selbstverwirklichung.* Windpferd, 2010

Richard, Ursula: *Die drei Pfeiler des Glücks. Achtsamkeit, Freude, Dankbarkeit.* Knaur MensSana, 2010

Rosenberg, Larry: *Mit jedem Atemzug: Buddhas Weg zu Achtsamkeit und Einsicht.* Arbor Verlag, 2002

Salzberg, Sharon: *Entdecke die Kraft der Meditation. Das 28-Tage-Programm.* Lotos Verlag, 2011

Smith, Rodney: *Frei von Selbsttäuschung. Der buddhistische Weg aus der Ego-Falle.* Windpferd Verlag, 2011

Thich Nhat Hanh: *Kein Werden, kein Vergehen. Buddhistische Weisheit für ein Leben ohne Angst.* MensSana, 2008

Thich Nhat Hanh: *Das Herz von Buddhas Lehre. Leiden verwandeln – die Praxis des glücklichen Lebens.* Herder/spektrum Freiburg, 1998

Thich Nhat Hanh: *Der Buddha sagt. Seine wichtigsten Lehrreden.* Theseus Verlag, 2003

Thich Nhat Hanh: *Das Wunder des bewussten Atmens,* Theseus, 2011
Tolle, Eckhart: *Jetzt! Die Kraft der Gegenwart.* J. Kamphausen, 2010
Till, Marietta: *Die Heilkraft des Atems,* Goldmann, 1994Williams, Mark/ Pennman, Danny: *Meditation im Alltag,* Arkana, 2011
Troll, Pyar: *Poesie der Stille, Tanz des Lebens: Anleitung zum Da-Sein,* Kamphausen Verlag 2002

Zeitschriften:
Psychological Science 13 (2002)
Yoga aktuell divers
Happinez 6/2012
Happinez 3/2013

Anmerkungen

1 Happinez 4/2013, S. 45 (Medizin der Achtsamkeit)
2 Rick Hanson, Just 1 thing, S. 10
3 Happinez 4/2013, S. 45 (Medizin der Achtsamkeit)
4 Rick Hanson: Just 1 thing, S. 13
5 Doris Iding: Die Angst, der Buddha und ich
6 Daniel Siegel, in: Rick Hanson, Das Gehirn eines Buddha
7 Diese Empfehlung hat ein Gelehrter seinen Schülern gegeben.
8 Rick Hanson, Richard Mendius: Meditationen, um das Gehirn zu verändern
9 Vgl. Karuna Gayton: Mit dem Geist eines Buddha, S. 13
10 Doris Iding: Die Angst, der Buddha und ich
11 Matthias Ennenbach: Buddhistische Psychotherapie
12 Vgl. Thich Nhat Hanh, Der Buddha sagt, S. 44
13 Vgl. Thich Nhat Hanh, Der Buddha sagt, S. 45
14 Doris Iding: Der kleine Achtsamkeitscoach, S. 28
15 Doris Iding: Der kleine Achtsamkeitscoach, S. 29
16 Doris Iding: Der kleine Achtsamkeitscoach, S. 18
17 Mark Williams, Danny Penman: Meditation im Alltag, S. 18
18 Rick Hanson: Das Gehirn eines Buddha, S. 27
19 Vgl: Doris Iding: Alles ist Yoga
20 Jan Chozen Bays: Achtsam durch den Tag. 53 federleichte Übungen, S. 98
21 Dalai Lama: Zuflucht zur Geduld. Worte für alle Tage, S. 174
22 Reginald A. Ray: Die Intelligenz des Körpers, S. 45
23 Oliver Bottini: Das große O. W. Barth-Buch der Meditation, S. 197
24 Mark Williams, Meditation im Alltag, S. 180
25 Jack Kornfield: Das weise Herz, S. 160
26 Jan Chozen Bays: Achtsam durch den Tag, S. 166
27 Siehe dazu: Thich Nhat Hanh: Das Wunder des bewussten Atmens; Larry Rosenberg: Mit jedem Atemzug
28 Siehe dazu: Thich Nhat Hanh: Das Wunder der Achtsamkeit
29 Mark Williams: Meditation im Alltag, S. 116
30 Siehe dazu auch: Doris Iding, Die Angst, der Buddha und ich
31 Quelle: Die heilende Kraft des Bewussten Atems. Doris Iding
32 Übung nach Marietta Till

33 Psychologie heute, Heft 33, 2013, Schluss mit dem vielen Denken!, S. 73
34 Sharon Salzberg: Entdecke die Kraft der Meditation, S. 19
35 Happinez 6/2012
36 Psychologie heute, Heft 33, Schluss mit dem vielen Denken!, S. 74
37 Marie Mannschatz: Mit Buddha zu innerer Balance, S. 18
38 Marie Mannschatz: Mit Buddha zu innerer Balance, S 70
39 Rick Hanson, Just 1 thing, S. 31
40 Rick Hasnon, Just 1 thing, S. 131
41 Ursula Richard, S. 155
42 Rick Hanson: Just 1 thing, S. 114
43 Rick Hanson: Just 1 thing, S. 117
44 Han Shan: Achtsamkeit
45 Jack Kornfield: Das weise Herz, S. 51
46 Rodney Smith: Frei von Selbsttäuschung, S. 91
47 Rick Hanson: Just 1 thing, S. 104
48 James Baraz: Freude, S. 13
49 Matthieu Ricard: Glück, S. 97
50 Ayya Khema: S. 135ff.
51 Rick Hanson: Just 1 thing, S. 35
52 Matthieu Ricard: Glück, S. 32
53 Matthieu Ricard: Glück, S. 59
54 Matthieu Ricard, Glück, S. 286
55 E. Diener and M.E.P. Seligmann: „Very happy People", Psychological License 13 (2002), S. 81-84
56 Matthieu Ricard, S. 287
57 Dalai Lama: Zuflucht zur Geduld, S. 75
58 Diese vier Tugenden werden ganz unterschiedlich übersetzt. Thich Nhat Hanh zum Beispiel bezeichnet diese vier Tugenden als die Vier Unermesslichen. Master Hanh Shan benennt sie als Vier Noble Tugenden. Auch die einzelnen Tugenden werden unterschiedlich benannt, darum habe ich mehrere Begriffe angeführt, damit sich der Leser raussuchen kann, welcher ihn persönlich anspricht.
59 Siehe Anm. 58
60 „Old path white clouds" von Thich Nhat Hahn
61 Han Shan: Achtsamkeit: Die höchste Form des Selbstmanagements, S. 129
62 Martine Batchelor: Innere Grenzen sprengen, S. 185

63 James Baraz: Freude, S. 362
64 Dalai Lama: Glücksregeln für eine verunsicherte Welt
65 Martine Batchelor: Innere Grenzen sprengen, S. 186
66 Martine Batchelor. Meditation
67 James Baraz: Freude, S. 364
68 Rich Hanson: Just 1 thing, S. 303 (Literaturhinweis auf Neff 2009)
69 James Baraz: Freude, S. 361
70 Ayya Khema: Die Ewigkeit ist jetzt. S. 23
71 Rick Hanson: Just one thing, S. 180
72 Jack Kornfield: Das weise Herz, S. 515
73 Jack Kornfield: Das weise Herz, S. 57
74 Jack Kornfield: Das weise Herz, S. 64
75 Jack Kornfield: Das weise Herz, S. 59
76 Jack Kornfield: Das weise Herz, S. 62
77 Dieses Gedicht ist entstanden während eines Retreats, 1995
78 vgl. Pyar Troll: Poesie der Stille, Tanz des Lebens, S. 14
79 Jack Kornfield: Das weise Herz, S. 30

Bildnachweis der Kartenabbildungen: Doris Iding: **21**; Fotolia: **3, 4, 7, 8, 9, 10, 11, 12, 13, 14, 15, 16, 18, 19, 23, 24, 26, 27, 29, 30, 33, 34, 36, 37, 38, 40, 41, 42, 43, 44, 45, 46, 47, 48, 49, 51, 52**; Shutterstock: **1, 2, 50**; Digital Vision/Thinkstock: **17**; iStock/Thinkstock: **22, 28**; Blend Images/Thinkstock: **31**; iStock: **5, 6, 20, 25, 32, 39**; Hintergrundmotiv: iStock/Thinkstock

Informationen zur Autorin

Studium der Ethnologie, Religionswissenschaft und Psychologie (Ethnologin M.A.) mit Schwerpunkt Integration östlicher Heilverfahren in den Westen und bewusstseinsverändernden Techniken.

Doris Iding lebt und arbeitet in München als freie Journalistin und Autorin, Seminarleiterin, Coach, Dozentin bei Yogalehrerausbildungen zum Thema Yogaphilosophie. Ihr besonderes Interesse liegt in der Vermittlung eines neuen Bewusstseins. Ihre Bücher wurden in 14 Sprachen übersetzt.

Sie geht immer der Frage nach: „Wie können wir spirituelle Erfahrungen zum Wohle aller Wesen in den Alltag integrieren?"

www.doris-iding.de
info@doris-iding.de